art et artistes du papier peint en France

Répertoire alphabétique

Société anonyme des Anciens Établissements
Desfossés & Karth fabricant, Libert dessinateur, 1922-1928.

Conception et réalisation : Papier and Co pour les éditions Gourcuff Gradenigo
Coordinateur éditorial : Xavier Lacaille

ISBN 978-2-35340-008-9
Dépôt légal : 4ᵉ trimestre 2007

Tous les papiers peints reproduits dans cet ouvrage proviennent des collections
du musée des Arts Décoratifs de Paris.

© 2007, Gourcuff Gradenigo 8, rue des Lilas, 93189 Montreuil cedex
© 2007, Les Arts Décoratifs, Paris

Photos Les Arts Décoratifs, Jean Tholance. Tous droits réservés.

art et artistes du papier peint en France

Répertoire alphabétique

par Véronique de Bruignac-La Hougue

Parmi les chefs-d'œuvre conservés au musée des Arts décoratifs, la collection des papiers peints représente probablement l'ensemble le plus riche et le plus cohérent, essentiel dans l'histoire de la décoration intérieure. Nous avons souvent conservé des « images » qui ont bercé notre mémoire et parfois aussi notre enfance, et que nous sommes ainsi très heureux de pouvoir enfin retrouver.

Des grands panoramiques d'histoire aux riches bestiaires du XIXᵉ siècle, des trompe-l'œil de matière à l'extraordinaire répertoire des jeux de fonds, cet exceptionnel patrimoine de l'ornement permet de restituer le style dans le goût d'une époque et de pouvoir ainsi redonner vie avec tout son éclat à l'histoire du décor intérieur.

Grâce à la publication de ce premier et précieux catalogue, je me réjouis de cette possibilité de faire découvrir au public des milliers de documents, longtemps collectés et préservés, qui représentent à eux seuls plus de deux siècles de l'Art décoratif français.

FRANÇOIS JOSEPH GRAF
Architecte

Édouard Muller dessinateur.

Le département des Papiers peints du musée des Arts décoratifs a été créé en 1967, à la suite de l'exposition *Trois siècles de papiers peints*, organisée grâce à la Chambre syndicale des fabricants de papiers peints de France. Riche aujourd'hui de quelque trois cent cinquante mille œuvres, il constitue un reflet fidèle, si ce n'est complet, des usages, des motifs et des techniques inventés par les industriels et les artistes depuis plus de trois siècles pour faire évoluer cet élément majeur du décor intérieur.

Mais c'est dès 1864, à la création de l'Union centrale des arts décoratifs, que le papier peint est ici collectionné, étudié. Quoi de plus légitime pour une institution préoccupée du Beau dans l'utile et de l'Art pour tous que de s'intéresser à cette production qui conjugue si parfaitement les nécessités d'une fabrication industrielle et les évolutions du goût.

À la faveur en particulier de l'exposition consacrée à « la décoration de papier » organisée en 1882 au palais de l'Industrie par le musée des Arts décoratifs, les dons affluent et des ensembles aussi importants que les fonds Dufour & Leroy ou Turquetil se constituent alors, suivis par ceux des manufactures Réveillon/Jacquemart & Bénard en 1900 puis, plus récemment par les collections Desfossé & Karth et Leroy.

En 1990, l'exposition *Décors de l'imaginaire, papiers peints panoramiques, 1790-1865*, révèle une partie des richesses de la collection et, surtout, permet de porter un nouveau regard sur ces productions un temps (dé)considérées, comme décors de substitution à la tapisserie, à la boiserie, aux décors peints ou textiles, pour y voir un formidable miroir des goûts de la société bourgeoise.

Depuis quelques années, créateurs et industriels se sont de nouveau emparés du mur pour y inscrire au quotidien les envies de couleurs, les aspirations à l'évasion de notre époque : le traditionnel lé de papier peint se transforme parfois en autocollant, chaque utilisateur devient concepteur de son décor…

Ce livre, reflet des richesses de l'une des collections les plus importantes au monde, est conçu comme un répertoire qui, pour la première fois, rend justice à ceux qui ont créé la toile de fond de notre cadre de vie. Dans le jeu des rencontres aléatoires entre époques, entre dessinateurs, artistes, éditeurs, s'élaborent des dialogues qui, à leur tour, vont nourrir la réflexion des professionnels d'aujourd'hui. L'histoire de ce métier et des hommes qui l'ont pratiqué est ainsi loin d'être achevée.

BÉATRICE SALMON
Directrice des musées des Arts Décoratifs

A.S. CRÉATION

Premier fabricant européen de papiers peints, implanté en Allemagne, A.S. Création développe mille huit cents nouveautés annuelles grâce à un studio de création de plus de trente personnes. Sa filiale française est établie à Lyon.

Commercialisée en 1992, la collection dessinée par Karl Lagerfeld fut imprimée par ce fabricant-éditeur. En 2006, A.S. Création a créé une collection en collaboration avec l'enseigne de prêt-à-porter Esprit, très inspirée des dernières tendances textiles.

AMY

Installé rue du Grand-Pont à Rouen en 1724, Amy est l'auteur d'un papier peint conservé au musée des Arts décoratifs, portant, à l'instar des dominos, la marque : « Rouen chez G^me Amy rue G ». Ce papier vient appuyer la tradition qui reconnaît un rôle prépondérant à la ville de Rouen dans le développement de la dominoterie murale et des papiers peints grâce, en particulier, à la présence de graveurs pour étoffes sans emploi à cette époque.

Lina de ANDRADA

Quoique très souvent citée dans la presse spécialisée, les renseignements biographiques sur Lina de Andrada font défaut. Elle a dessiné de nombreux motifs textiles, a fourni des modèles de papiers peints aux Anciens Établissements Desfossé & Karth de 1920 à 1923, à Dumas ou Leroy. Elle fut récompensée d'une médaille d'or à l'Exposition internationale des arts décoratifs et industriels de Paris en 1925.

1. A.S. Création fabricant, Karl Lagerfeld dessinateur, 1992.
2. A.S. Création fabricant, Karl Lagerfeld dessinateur, 1992.
3. A.S. Création fabricant, collection « vinylux Cuisines salles de bain », 1975.
4. Amy fabricant, milieu XVIIIᵉ siècle.
5. Lina de Andrada dessinateur, Société anonyme des Anciens Etablissements Desfossé & Karth fabricant, 1921.
6. Lina de Andrada dessinateur, Société anonyme des Anciens Etablissements Desfossé & Karth fabricant, 1921-1927.

12

1

2

3

4

5

6

ARTE

Depuis 1981, le groupe Arte, spécialiste du revêtement mural et des tissus d'intérieur, offre des modèles originaux conçus dans son studio de création, A.D.D. – ARTE Design and Development, et propose des produits d'importation soigneusement sélectionnés.

Le siège d'Arte France SARL, d'abord implanté dans la région de Montpellier, à Saint-Jean-de-Vedas, s'est transporté à Lille, 16 place du Général de Gaulle.

Jean ARTHUR

Marchand de papier pour meubles, colleur. Horloger d'origine anglaise, « un des plus habiles et des plus renommés pour les montres à répétition[1] », Jean Arthur exerce ce métier à Paris à partir de 1756 au moins, date de son mariage. Dans la décennie suivante, il double cette première activité de la fabrication de papiers peints, « tient fabrique et magasin considérables de papiers peints et veloutés », « magasin de papiers de soie des Indes, et autres semblables, en or velouté en plusieurs couleurs[2] » à l'enseigne du Grand Balcon, quai de Conti, entre la rue Dauphine et la rue Guénégaud.

Jean Arthur s'associe au marchand-mercier René Grenard le 18 novembre 1775.

L'*Almanach Dauphin* de 1777 voit dans cette fabrique « sans contredit une des plus anciennes et des plus considérables de la capitale ».

14

1

2

3

1. Arte fabricant, collection *Héritage*, 1999.
2. Arte fabricant, collection *Samara*, 2000.
3. Jean Arthur fabricant, vers 1775.
4. Arte fabricant, collection *Samara*, 2000.
5. Arte fabricant, collection *Samara*, 2000.
6. Arte fabricant, collection *Héritage*, 1999.

4

5

ARTHUR & GRENARD

Marchands de papiers peints installés, en 1784, au coin de la rue Louis-le-Grand et du boulevard des Italiens. Leur manufacture de papier tontisse et peint aux ateliers immenses surmontés d'une terrasse occupe journellement deux cents ouvriers. Ils travaillent avec des dessinateurs des Gobelins, tel Malaine, et des peintres, tels Robert ou Van Loo, exécutant de belles compositions de panneaux en papier peint d'après des scènes de l'Antiquité et des toiles de maîtres. Ils impriment également en taille douce et sur tissu.

« Arthur père et fils et Grenard, entrepreneurs de la manufacture de papiers peints et pour décorations, établie rue Louis-le-Grand à Paris, sont les premiers qui aient introduit en France les papiers peints, dont ils établirent la première fabrique en 1764 : à cette époque on n'y fabriquait que des papiers ve-loutés, dont on ne faisait encore que très peu d'usage ; ils les réunirent à leur fabrique, et n'ont cessé, depuis ce temps, de donner leurs soins à la perfection de l'un et de l'autre genre et en ont considérablement augmenté le commerce. En 1775, ils obtinrent l'approbation de l'Académie royale des sciences, pour l'invention des papiers à l'imitation de la sculpture et de l'architecture qu'ils sont parvenus à appliquer à tous les genres de décorations.

Toujours animés du désir de perfectionner leur entreprise, leurs travaux les ont conduits à la découverte d'une nouvelle couleur jaune ; ils sont en outre les seuls, qui soient chargés depuis plusieurs années des travaux du Garde-Meuble de la Couronne, pour ce qui concerne les tentures et les décorations. Il est peu de parties du monde où les Sieurs Arthur et Grenard n'aient des correspondances et où ils n'envoient des pacotilles de ces marchandises. Ce n'est qu'à la supériorité de leurs papiers sur ceux qui se fabriquent en Angleterre, qu'ils doivent la préférence qu'ils ont obtenu sur ceux de cette nation, dans laquelle ces établissements ont pris naissance. Les Anglais eux-mêmes, prévenus de cette supériorité, préfèrent les papiers de France à ceux d'Angleterre, où les Sieurs Arthur et Grenard font des envois très fréquents de leurs papiers. Pour témoigner aux suppliants sa satisfaction de leurs découvertes, Sa Majesté, par un brevet du 11 juillet [1788] a daigné leur permettre d'apposer sur la principale porte de leur maison le titre de Manufacture royale ».

En 1789, Jean-Jacques Arthur, Arthur fils, prend la direction de l'entreprise tandis que Grenard la quitte.

1. Arthur & Grenard fabricant, vers 1786.

2. Arthur & Grenard fabricant, vers 1785.

ARTHUR & ROBERT

ATELIER D'OFFARD

J. Arthur et R. Grenard, « marchands & fabricants de papiers tontisse peints et d'autres natures demeurant à Paris rue Louis le Grand », propriétaires en indivis de leur manufacture connue sous la raison sociale Arthur & Grenard vendent leur fonds à François Robert, marchand papetier, le 11 février 1789. Robert contracte à la même date une société avec Arthur fils pour six années. C'est l'occasion de dresser du 26 décembre 1788 au 20 février 1789[1]. « Un inventaire [d]es outils et ustensiles, toutes les marchandises, [...] matières premières et enfin tous les tableaux, dessins, planches, gravures, estampes, etc. trouvés en nature dans la Manufacture ». Arthur fils, proche de Robespierre, est arrêté et exécuté en juillet 1794. Loin de cette agitation politique, Robert poursuit l'activité de l'entreprise et accède au statut de seul dirigeant.

Après l'École des beaux-arts d'Angers et quelques mois passés chez Mauny comme coloriste-dessinateur, François-Xavier Richard crée en 1999 à Saumur l'Atelier d'Offard. Il y imprime « à façon » des papiers peints à la planche ou pochoir mêlant techniques traditionnelles et procédés les plus novateurs. L'atelier d'Offard, au service des architectes-décorateurs et des institutions patrimoniales, est maintenant installé à Joué-lès-Tours.

1. Arthur & Robert fabricant, 1791.

2. Atelier d'Offard fabricant, 2005.

3. Atelier d'Offard fabricant, 2006.

elier d'Offard fabricant, 2006.

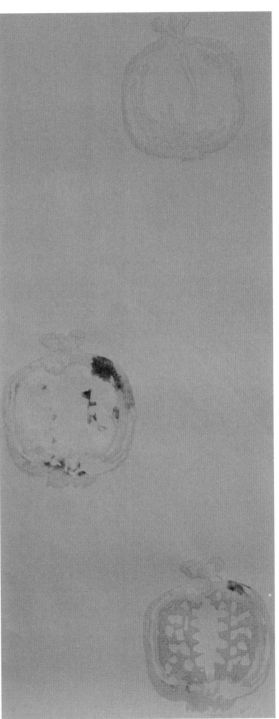

5. Atelier d'Offard fabricant, 2006.

Didier AUBERT

Graveur en bois établi vers 1735 à l'enseigne du Papillon, rue Saint-Jacques à Paris, près de l'Hôtel de Saumur, Aubert est réputé pour la qualité de ses planches et la belle exécution de ses armoiries et vignettes. Vers 1750, il se lance dans la fabrication de papiers veloutés « aussi beaux et parfaits que ceux d'Angleterre[1]. » « Il en a de toutes sortes d'espèces, en une et en plusieurs couleurs, tous d'après les plus beaux dessins de damas[2].»

En 1759, il installe une manufacture rue de Charenton, faubourg Saint-Antoine. « On fait actuellement des papiers à fleurs de drap haché. Le fonds en est lissé, et les fleurs correctement exécutées, le tout en couleurs fines[3]. » De plus, « Le sieur Aubert, rue St Jacques a entrepris une fabrique de toiles lisses sur lesquelles il fait appliquer divers dessins de drap fin haché. »

Ses papiers peints portent la marque « A PARIS RVE SAINT-JACQUES AV PAPILLON AUBERT » ou « CE FAIT ET VEND A PARIS CHEZ AVBERT RVE ST JACQVES AV PAPILLON AVEC PRIVILEGE DV ROV ».

AUDOUIN

Audouin fournit des modèles de papier peint aux manufacturiers Soury, Lechevallier et Cᶦᵉ installés 186 rue Beauvoisine, à Rouen, en 1799-1800. Il continue à travailler pour leur successeur Fravarger. Sous la Restauration, il pourvoit en esquisses le fabricant parisien Legrand dont la manufacture est située 102 rue de Charenton. Il s'agît vraisemblablement de Pierre Audouin né à Paris en 1768 et décédé dans cette même ville en 1822. Graveur au burin et dessinateur, il obtint le titre de graveur de Madame Mère sous l'Empire puis celui de graveur ordinaire du roi sous la Restauration.

1. Audouin dessinateur, Jacquemart & Bénard fabricant, 1804.
2. Didier Aubert fabricant, vers 1750.

20

Louis-Émile BAEYENS

Louis-Émile Baeyens, peintre et dessinateur, né à Roubaix, demeure 23 rue Chappe à Paris vers 1904, à La Varenne-Chennevières (Seine) vers 1909, et 26 rue d'Isly à Lys-Lez-Lannoy (Nord) vers 1921.

Il expose des modèles de papiers peints, des étoffes tissées et des velours au Salon des artistes décorateurs à Paris en 1904, des étoffes à l'Exposition internationale de Copenhague en 1909, et trois panneaux décoratifs au Salon de la Société nationale des beaux-arts en 1929. Louis-Émile Baeyens est membre de la Société des artistes décorateurs et de la Société nationale des beaux-arts qui lui attribue une mention honorable en 1912. Il dessine des papiers peints pour Leroy en 1907 et 1908.

Éric BAGGE

Dessinateur et décorateur, Bagge expose au Salon des artistes décorateurs et au Salon d'automne à partir de 1919. Il a toujours cherché à unir architecture et décoration, s'intéressant aux techniques et à leur meilleure utilisation possible. Après des débuts classiques, son style devient essentiellement géométrique. Il aménage des paquebots, Le *Paris* en 1921, l'appartement de prestige de l'*Ile de France* en 1927 et l'*Atlantique* en 1931. Il crée des meubles, des porcelaines, des tapis, un vitrail. Il fut rapporteur du jury international lors de l'Exposition des arts décoratifs de 1925. Inspecteur principal de l'enseignement du dessin à la Ville de Paris, il enseigna l'architecture décorative à l'École nationale des arts décoratifs où il avait étudié. En 1929 et 1930, il conçoit des papiers peints pour les Anciens établissements Desfossé et Karth.

1. Louis-Émile Baeyens dessinateur, vers 1900.
2. Velours *Mosaïque*, Éric Bagge dessinateur, Société anonyme des Anciens Établissements Desfossé & Karth fabricant, 1929.
3. Velours moderne *Bord de l'eau*, Eric Bagge dessinateur, Société anonyme des Anciens Établissements Desfossé & Karth fabricant, 1929.
4. Louis-Émile Baeyens dessinateur, vers 1900.

1

2

3

Paul BALIN

En 1863, Paul Balin et son frère Albert achètent l'entreprise Genoux créée par Morisot père en 1797. La « fabrique de papier peint et papier cuir repoussé » Balin frères, installée 236 faubourg Saint-Antoine, fonctionne sous cette raison sociale jusqu'en 1868. En 1864[1], elle dispose de 51 tables d'impression à la planche de bois sur lesquelles elle imprime des décors de plafond, des imitations de carton-pierre, de cuirs repoussés, de boiseries. À l'Exposition universelle de 1867, leurs papiers frappés au balancier, procédé inventé une dizaine d'années plus tôt par A. Saegers que Balin porte à son point de perfection, sont récompensés par une médaille d'honneur. En 1869, Paul Balin assure seul la marche de la « manufacture de tenture de style, reproductions de types anciens, papiers Gobelins imitant les étoffes, cartons, cuirs en relief, soieries décoratives, papiers tulles brodés, papiers mousselines brodés, velours unis et gaufrés [...] toiles peintes, reproduction de tapisseries anciennes, souples, inaltérables, sans odeurs ». Durant la décennie 1866-1876, Paul Balin dépose plusieurs brevets d'invention concernant tant l'estampage des papiers peints que l'application de poudre d'or ou d'argent sur les tentures de papier. Il installe une maison de vente 37 boulevard des Capucines. À l'Exposition universelle de Vienne de 1873, Balin reçoit le Grand diplôme d'honneur.

Balin ouvre une maison à Londres, 8 Soho square en 1877, maison transférée au numéro 33 en 1891. Le *Bottin* de 1897 précise à son sujet : « Tous les produits sont brevetés ou obtenus par des procédés brevetés de nouveau. Nouveau genre de velours unis et gaufrés, dit Vitellines. » À partir de 1876-1877, Paul Balin avait intenté des procès en contrefaçon à nombre de ses confrères : Bezault et Patey, Danois, J. Desfossé chez lequel il avait appris le métier, Gillou, la Veuve Josse, Hoock, Vitry et Zuber. Ceux-ci s'élevèrent vivement contre de telles accusations, parvinrent à prouver leur bonne foi et finirent par obtenir gain de cause. En 1881, son pourvoi en cassation rejeté, il n'en continua pas moins à plaider sa cause mais, épuisé par toutes ses démarches procédurières, il se suicide en 1898. Son entreprise est rachetée par Alfred Hans.

1. Paul Balin fabricant, vers 1870.
2. Paul Balin fabricant, vers 1870.
3. Paul Balin fabricant, vers 1870.
4. Paul Balin fabricant, vers 1870.
5. Paul Balin fabricant, vers 1870.
6. Paul Balin fabricant, vers 1870.

1

2

BARBEDIENNE

Marchand décorateur installé 24 et 26 rue Notre-Dame-des-Victoires à Paris, Barbedienne figure dans les *Almanachs* en 1870 puis de 1884 à 1900.
L'annonce qu'il publie en 1894, indique : « Fabrique, vente en gros et en détail ». Il semblerait que, dès 1869, Barbedienne se soit réservé le rayon des bronzes et ait cédé le commerce des papiers peints à Dumas ainsi cité : « P. A. Dumas successeur ».

BASSET

En 1789, Basset « tient magasin de papiers peints pour ameublement et autres », 64 rue Saint-Jacques, au coin de la rue des Mathurins, à Paris. Il est alors associé à Heindrick. De 1806 à 1811, il agît en son nom seul. L'entreprise passe en 1813 entre les mains de Paulot – Carré, successeurs de Basset, repérés 1 rue des Mathurins et ayant fabrique 5 cul-de-sac de Reuilly. Un Paul Basset est établi 17 rue de Bussy en 1830.

Pierre de BELLAY

Peintre de scènes de genre, de portraits, de nus et de paysages, aquarelliste et peintre à la gouache, dessinateur, Pierre de Bellay s'adonne à la gravure dès 1926. Soixante-dix-sept gouaches pour tissu et deux gouaches pour papier peint, conçues pour un concours américain organisé en collaboration avec la revue *Art et Décoration* en 1928, figurent dans les collections du musée des Arts décoratifs.

1. Barbedienne fabricant, vers 1900.
2. Basset fabricant, vers 1790.
3. Pierre du Bellay dessinateur, 1928.
4. Pierre du Bellay dessinateur, 1928.

28

1

2

3

4

Édouard BÉNÉDICTUS

Edouard Bénédictus étudie à l'École nationale des arts décoratifs avant de s'orienter vers les sciences et la chimie. Dans les années 1899-1910, il réalise des panneaux décoratifs en cuir incrusté. De 1903 à 1910, associé à des publications destinées à présenter d'une façon didactique l'interprétation de la faune et de la flore appliquée à la décoration de surface, il collabore à la revue *Art et Décoration*.

En 1924, Bénédictus a recours au pochoir pour publier son recueil de motifs décoratifs, *Variations*. De 1920 à 1930, il se consacre à la mise au point de modèles de papiers peints, tapis et tissus. En 1925, il est appelé auprès du président Charles Follot à assurer le rôle de vice-président de la classe 14 consacrée au papier peint de l'Exposition des Arts décoratifs et à établir le rapport du jury. Il a lui-même créé des modèles de papier peint pour la maison Follot, autour de 1927. Son activité en la matière est citée dans presque toutes les revues de l'époque.

BENOIST-HUQUIER

L'atelier Huquier devient atelier Benoist-Huquier par le mariage d'Ambroise Benoist et Marie-Madeleine Huquier en 1758. Exerçant son activité à Orléans, de 1750 à 1774, cet atelier n'imprima que des papiers peints. Un modèle portant son estampille, numéroté 166, a été publié.

La marque de l'atelier est : « A ORLEANS CHEZ BENOIST-HUQUIER ».

Benoist-Huquier était-il parent des imagiers parisiens, Jean-Gabriel Huquier et son fils Daniel qui ouvrent boutique en 1766 rue des Mathurins ?

BESSON

Éditeur de papiers peints installé 18 rue du Vieux-Colombier à Paris, la société Papiers Peints Besson[1] dépose sa marque en 1937 et 1952. Elle apparaît en 1922 sous la marque Delta[2], société Vve Bricard Besson et Delepoulle, et en 1929, sous l'appellation Le Papier Peint[3] déposée par la société Bricard Besson & Delepoulle. Besson participe à l'Exposition universelle de 1937. Toujours en activité, son magasin est maintenant situé 32 rue Bonaparte.

1. *Vertige*, Édouard Bénédictus dessinateur, Charles Follot fabricant, 1927.
2. Benoist-Huquier fabricant, 1750-1774.
3. An Choue, Besson distributeur exclusif, Schumacher fabricant, 1985.
4. Édouard Bénédictus dessinateur, vers 1920.
5. *Déjeuner sur l'herbe aux fraises*, Besson distributeur exclusif, Schumacher fabricant, 1990.
6. Benoist-Huquier fabricant, 1750-1774.

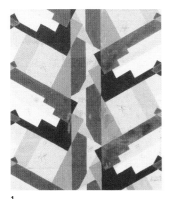

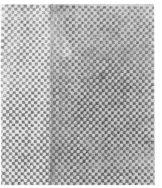

1

2

3

4

5

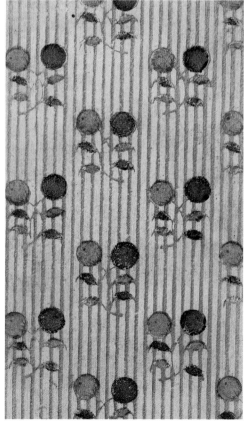

6

Joseph BEZAULT

Établi 275 faubourg Saint-Antoine à Paris depuis 1865, dans l'ancienne fabrique de Polge[1] son associé en 1861, Bezault ouvre une succursale à Londres en 1869. Imprimeur à la planche, Bezault fabrique des « papiers peints en tous genres, tentures de style, lambris et décors, articles spéciaux pour l'exportation ; imitations de cuir repoussé ; spécialités de fonds unis, mats et veloutés ; rosaces, décors, peintures murales et tapisseries ».

Il obtient une médaille d'honneur à l'Exposition universelle de Londres en 1862, une médaille d'or à celles de Paris en 1867 et 1878.

Devenue Bezault et Pattey fils en 1879, la manufacture ajoute à l'éventail des papiers peints proposés des imitation d'étoffes et cheviotte.

Bezault participe à l'Exposition des beaux-arts appliqués à l'industrie de 1882. L'entreprise est mentionnée 15 rue de Picpus en 1883 et figure dans les Almanachs jusqu'en 1895.

Félix BOISSELIER

Peintre de scènes mythologiques et de sujets religieux, dessinateur, Félix Boisselier, l'Aîné, né à Damphal (Haute-Marne) en 1776, fut prix de Rome en 1805 et 1806. Elève du peintre décorateur italien Cietti, il fut comme son maître attaché à la maison de papiers peints Réveillon et, sans doute, des successeurs de ce dernier, Jacquemart et Bénard. Il décède à Rome en 1811.

L'Exposition « La fable des dieux », à Senlis en 1997, a permis de mieux cerner sa personnalité.

BORSAND

Éditeur de papiers peints, de revêtements muraux et de tissus d'ameublement, il exerce son activité dans les années 1980-1990. Son siège social se trouve à Louvres (Val-d'Oise).

Borsand importe d'Angleterre ou d'Allemagne une sélection de produits. Il vend également des papiers peints et revêtements muraux imprimés à façon par divers fabricants français, et plus particulièrement par la Société française du papier peint.

1. Joseph Bezault fabricant, 1835-1845.
2. Félix Boisselier dessinateur,
Jacquemart & Bénard fabricant, 1805-1814.
3. Borsand éditeur, collection Céline, 1981.
4. Félix Boisselier dessinateur,
Jacquemart & Bénard fabricant, 1805-1814.

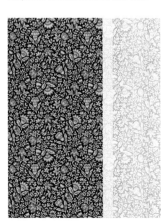

1

2

3

4

Édouard BOURGEOIS

Édouard Bourgeois, repreneur de la maison Bock, agît en son nom seul, 16 rue de la Muette, de 1867 à 1869. Il se dit spécialiste des devants de cheminées imprimés à la planche de bois, propose panneaux décoratifs et paysages peints à la main, exerce commissions et exportations.

Bourgeois et Daniel lient leur activité jusqu'en 1885 sous la raison sociale « Bourgeois-Daniel, ancienne maison Bock, Lapeyre et Cantor ». Installés 94 rue des Boulets (ex 16 rue de la Muette), ils apparaissent 57 rue de Montreuil en 1881, 37 rue de Montreuil en 1883, et à nouveau 57 rue de Montreuil en 1884. Ils vantent leurs « devants de cheminées, panneaux décoratifs et paysages à la main, médaillons, décors, lambris, cartons-cuirs, plafonds, veloutés ».

Quant à Bock, il se trouve 3 place du Trône en 1839, 10 rue de la Muette en 1848, puis 16 rue de la Muette à partir de 1855. Il annonce une « Fabrication spéciale de devants de cheminées et paysages à la main, [et une] commission pour l'exportation. »

BOURGEOIS – DANIEL

La fabrique de papiers peints située 97 rue de Charonne de 1855 à 1863 puis 55 rue de Picpus, à Paris, propose un grand assortiment de papiers dorés, de devants de cheminée dorés et veloutés, de faux-bois et de marbres réalisés à la main, de décors vernis imitant les cuirs de Russie. La manufacture offre également une collection d'encadrement faux bois et dorés avec lambris. Ad. Daniel est récompensé à l'Exposition universelle de 1867 pour ses « tentures de toutes sortes, spécialement pour papier imitant la soie » et occupe alors une des premières places dans l'industrie du papier peint. il est implanté à Londres. Daniel s'associe à Armand en 1873 ; la raison sociale devient alors Daniel Armand et Croissant. Une maison est ouverte à New York. Ils obtiennent une médaille d'argent à l'Exposition universelle de 1878. Édouard Bourgeois et Daniel lient leur activité jusqu'en 1885 sous la raison sociale Bourgeois – Daniel, ancienne maison Bock, Lapeyre et Cantor.

BOURGEOIS F. AÎNÉ

Actif 85 rue de Montreuil en 1853, 12 rue Saint-Bernard et 14 faubourg Saint-Antoine de 1855 à 1863, ce fabricant de papiers peints exerce sa « spécialité de papiers veloutés, dorés et argentés, expédie en province et à l'étranger, [pratique] exportations et [vente de] décors. »

Il s'établit 42 rue des Haies-Charonne en 1867. L'entreprise devient « Vve Bourgeois F. » aîné en 1876, s'installe 56 rue des Haies-Charonne de 1878 à 1883. Elle annonce : « Fabrique de papiers peints veloutés et dorés, commission, exportation ; grand assortiment de bordures en tous genres, fabrication spéciale à la planche. »

« Bourgeois F. aîné, Jolliot, successeur », 50 puis 56 rue des Haies, « Manufacture de papiers peints, tentures et bordures, dessin de style veloutés et dorés, fabrication spéciale à la planche [proposent] commission, [et] exportation ».

Jolliot apparaît encore 56 rue des Haies en 1886.

Ad. Daniel – Croissant fabricant, Dubois dessinateur, 1880.

BOURGEOIS JEUNE

Installé 6 rue Ternaux et 104 rue Popincourt à Paris de 1855 à 1859, il succède à Clémens aîné. Il tient une fabrique spéciale de devants de cheminée lithographiés et imprimés à la planche, de bordures noires, dorées et d'imitation, et propose des articles à l'exportation.

Ayant réuni les fonds de commerce des maisons Loinsard, Brière, Lecerf, Deguette, Clémens aîné, Carpentier et Laperlier 6 rue Ternaux en 1859, Bourgeois jeune offre à la vente des « camées, noir doré, imitation d'or et mat, camées à la planche ». Il déménage 67 rue de Lagny, près l'ancienne Barrière du Trône en 1861, puis, en 1862, 4 rue Envierges et 20 rue de la Marre et, enfin, 30 rue Erard en 1866.

La maison, fondée en 1834, est spécialisée dans les « peintures décoratives pour appartements, panneaux, médaillons, chasses, marines, batailles, fleurs, fruits, natures vivantes, natures mortes, allégories, grisailles, forêts vierges et vues de tous les pays ». Martin Bourgeois jeune dirige l'entreprise en 1871 et 1872. Maquaire et Nerini lui succèdent, puis, en 1882, Josias Maquaire se retrouve seul et cède, en 1885, la société, toujours située 30 rue Erard, à Bourgeois fils devenu Bourgeois en 1886. Il publie alors cette annonce : « Peintures décoratives pour appartements, plafonds, cafés, salles à manger, salles de billard, restaurants, brasseries, etc., bordures bois dorés et veloutés, bois dorés, imitation de veloutés, bois vernis, etc., exportation ».

Lors de l'Exposition universelle de Paris en 1878, une médaille de mérite vient récompenser une présentation de devants de cheminée lithographiés et de papiers peints à la main.

L'entreprise refait surface dans les *Almanachs* sous l'appellation « Bourgeois Tapisseries de Bel-Air », 38 rue Louis Braille en 1890 puis 8 cour des Petites-Écuries à partir de 1897, avec la réclame : « Reproduction des tapisseries des Gobelins, de Beauvais, d'Aubusson, etc. Peintures sur papier imitant la gouache. Collection des vues de Suisse, de chasses, de marines, de paysage, etc. » et précise « fonds Louis Deguette et Lecerf racheté avant 1869 comme [celui d'] Henri Carpentier fils » et encore « 6 rue Ternaux puis 30 rue Erard, successeur et concessionnaire des maisons Lointard, Brière, Lecerf, Deguette, Clément aîné, Carpentier, Laperlier et Bardel : peintures décoratives à l'huile, devants de cheminée lithographiés, camées et mal camées à la planche (1859-1869) ».

1. Bourgeois jeune fabricant, 1901.
2. Bourgeois jeune fabricant, vers 1900.
3. Bourgeois jeune fabricant, vers 1900.
4. Bourgeois jeune fabricant, vers 1900.
5. Bourgeois jeune fabricant, vers 1900.
6. Bourgeois jeune fabricant, vers 1900.
7. Bourgeois jeune fabricant, vers 1900.

1

2

3

4

5

6

7

BRÉPOLS

En 1921, les établissements Brépols, implantés à Turnhout en Belgique depuis 1797, confient la fabrication de leurs articles à une usine créée à cet effet à Hallouin (Nord), la Société française des papiers Brépols[1]. De plus, l'usine belge possède un dépôt parisien, 26 rue Sainte-Croix-de-la-Bretonnerie. En 1967, les papiers peints Brépols d'Hallouin sont fabriqués 11 rue de la Lys à Hallouin (Nord) et sont visibles au dépôt parisien du 19 cité Voltaire (XIᵉ).

Pierre Adrien Jacques BRIÈRE

Ancien voyageur de commerce, directeur associé depuis 1836, Pierre Adrien Jacques Brière reprend la manufacture Dauptain & Brière située 26 rue Saint-Bernard en 1841.
L'entreprise apparaît 28 rue Saint Antoine en 1845, 15 rue Cotte et 20 boulevard Beaumarchais en 1848 et 1849, 24 boulevard Beaumarchais de 1850 à 1863. En 1844, « M. Brière se livre principalement à la fabrication des papiers de tentures à dessins d'étoffes ; cependant il peut exécuter avec succès des papiers plus compliqués ».
Vers 1850, Brière, successeur de Dauptain, vante ses « devants de cheminées et lithographies de l'ancienne maison Farine ». La fabrique est reprise par Magnier, Clerc & Margueridon dès 1851. Ceux-ci la cèdent à Hippolyte Karth vers 1863. Elle se fondera dans le groupe Desfossé & Karth au moment de leur association.

Jean BROC

Ce peintre d'histoire, de scènes de genre et de portraits, expose régulièrement aux Salons de 1800 à 1833, date à laquelle il obtient une médaille de première classe. Il peint l'histoire de Paul et Virginie[1] largement diffusée par la gravure. En 1824, le fabricant JH Dufour et Leroy édite un papier peint panoramique[2], en camaïeu rehaussé, directement inspiré de la série de tableaux de Jean Broc.

Pierre-Jules BROCQ

Élève de Pigal et de Jules Cogniet, Pierre-Jules Brocq pratique la peinture à l'huile, l'aquarelle et le pastel. Il expose des compositions végétales aux Salons de 1852, 1853, 1859 et 1861, puis participe à ceux de 1867 et 1868. Il collabore avec la manufacture Zuber dont il fut l'un des meilleurs dessinateurs de fleurs, de 1854 à 1861. Il fournit des modèles de papier peint à plusieurs fabriques parisiennes concurrentes.

1. Brépols fabricant, 1967.
2. *Le bon pasteur*, Brière fabricant, vers 1840.
3. *Le chien fidèle*, Brière fabricant, vers 1848.
4. *Paul et Virginie*, Jean Broc dessinateur, Dufour & Leroy fabricant, 1824.
5. *Bordure volubilis*, Jean Broc dessinateur, Jules Desfossé fabricant, 1862.

1

2

3

4

5

Robert CAILLARD

Tapissier décorateur, marchand d'antiquités, marchand de papier peint, Robert Caillard ouvre un établissement commercial en 1906. Le 26 juin 1933, Caillard, tapissier décorateur demeurant à Paris, 27 rue de Madrid, constitue sa société et dépose une marque[1]. La société à responsabilité limitée R. Caillard et A.Mauny ayant pour objet « l'exploitation et la vente d'un établissement commercial de décoration générale intérieure et extérieure, création, fabrication, vente de papiers et tissus d'ameublement », siégeant 25 bis rue Franklin, est créée le 20 juillet 1933. Le matériel d'impression, les planches, pochoirs, poncifs et clichés, la collection de modèles de papiers peints et imprimés et de tissus, sont alors pour partie déposés, en particulier chez l'imprimeur Hans[2]. En 1937[3], les héritiers Caillard cèdent leurs parts dans la société à Mauny.

Jacques CAMUS

De 1920 à 1937, cet angevin, tout à la fois graveur, peintre et décorateur, se consacre à la décoration plane, créant des modèles de papiers peints, de tissus et de tapis. En 1921, il expose au Salon des artistes décorateurs des papiers peints réalisés en collaboration avec René Crevel et édités par la société Le Cactus dont il est le directeur artistique. Il obtient des médailles d'or aux expositions du musée Galliera (1923) et de Nancy (1927 et 1930) ainsi qu'une médaille de bronze à l'Exposition internationale des Arts décoratifs de Paris en 1925. À partir de 1937, il se consacre à la gravure, la lithographie et l'eau-forte.

Outre les papiers peints qu'il crée pour Le Cactus, plusieurs de ses modèles de papier peint sont édités par les Anciens établissements Desfossé et Karth, entre 1919 et 1922, et les usines Leroy à la fin des années 20.

Manuel CANOVAS

Né en 1935, il étudie à l'école du Louvre, à l'École des beaux-arts de Paris puis de Rome, et à la Villa Médicis.

Peintre, graveur et styliste, ses créations sont marquées par son observation passionnée des fleurs et des plantes, ses voyages et son attrait pour l'art populaire.

En 1965, il crée sa propre société pour laquelle, après des débuts textiles, il dessine des papiers peints imprimés au cadre en Suisse, sur vinyl aux USA.

Bien que Manuel Canovas s'en soit retiré depuis quelques années, la société qui porte son nom est toujours en activité.

1

2

1. Robert Caillard éditeur, 1933-1937.
2. Jacques Camus dessinateur,
Société anonyme des Anciens Etablissements
Desfossé & Karth fabricant, 1920-1930.
3. *Sofia*, Manuel Canovas dessinateur
et éditeur, 1979.
4. Jacques Camus dessinateur,
Société anonyme des Anciens Etablissements
Desfossé & Karth fabricant, 1919.
5. *Daphné*, Manuel Canovas dessinateur
et éditeur, 1979.
6. *La promenade*, Manuel Canovas dessinateur
et éditeur, 1979.
7. *Eleuthera*, Manuel Canovas dessinateur
et éditeur, 1979.

3

4

5

6

7

J. CARTULAT

Cartulat figure, en 1810, 5 rue Napoléon, Hôtel Mirabaud, à côté des bureaux du Timbre, avec magasin 3 rue de la Chaussée-d'Antin, au pavillon de Hanovre. De 1815 à 1824, suite au changement d'appellation de la rue, il apparaît 5 rue de la Paix.

Jean-Pierre Cartulat, cité pour la première fois en 1823, reprend la maison de son beau-frère, Pierre Simon vers 1826. L'annonce devient alors « Cartulat-Simon et Cie », gendre et successeur de Simon père, 29 boulevard des Italiens, pavillon de Hanovre », puis 30 rue Louis-le-Grand en 1834, date à laquelle les magasins sont mentionnés sur le boulevard, au coin de la Chaussée-d'Antin, 1 et 3. De 1831 à 1835, notre homme, est qualifié d'« entrepreneur de décorations de salles de spectacle » et « expédie aux colonies ». À l'Exposition des produits de l'industrie française, « MM. Cartulat (Simon) et compagnie, à Paris, rue de la Chaussée-d'Antin, n° 13 [présentent un] charmant petit décor à fond blanc,

dans le style des peintures d'Herculanum : ce morceau ne laisse rien à désirer ; un grand panneau avec fond rouge velouté, bordure en grisaille et en coloris, surmonté d'une frise de fort bon goût ; plusieurs décors moins importants. Ces fabricants occupent 100 ouvriers. Le jury leur décerne la médaille d'argent. »

Cette médaille est rappelée en 1839 : « MM. Jean-Pierre Cartulat-Simon, à Paris, rue de la Chaussée-d'Antin, n° 3. Le jury, après avoir examiné les papiers de M. Cartulat, se borne à rappeler qu'en 1834 il obtint une médaille d'argent. »

En 1842, figure la dénomination Cartulat-Simon et Cie, 3 rue de la Chaussée-d'Antin.

L'année suivante, en 1843, Cartulat apparaît seul et s'attire ce commentaire : « Le luxe et la beauté des dessins de tous les produits qui sortent de cette fabrique sont connus dans le commerce de la France et à l'étranger. Des expéditions continuent à être faites dans tous les pays[1]. » La fabrique est

installée au 5 rue du Rocher, devenu 56 rue du Rocher en 1844. En 1844 et 1845, on trouve d'une manière un peu surprenante, le libellé Cartulat-Simon (Cartulat, beau-frère de Simon, 5 rue Napoléon). En 1845, la fabrique est toujours 56 rue du Rocher mais le siège est mentionné 3 boulevard des Italiens. Il est à noter qu'en 1836 et 1837, Ferdinand Meurice fils est mentionné 30 rue Louis-le-Grand, 3 rue de la Chaussée-d'Antin, et que Meurice (Francis) est dit « successeur de l'ancienne maison Simon » en 1838 et 1840.

1. Cartulat fabricant, 1816.
2. Cartulat fabricant, vers 1880.
3. Cartulat fabricant, Lainé et Beausonnier dessinateurs, 1865-1875.
4. Cartulat fabricant, vers 1840.

1

2

3

CHABAL-DUSSURGEY

De son vrai nom Pierre-Adrien Chabal, il monte à Paris vers 1844, après des études à l'École des beaux-arts de Lyon. En 1849, il entre aux manufactures impériales des Gobelins où il devient professeur en 1850. Il expose, aux salons de Lyon de 1839 à 1901, et de Paris depuis 1841, des tableaux de fleurs peints à l'huile et surtout à la gouache, des panneaux décoratifs, et parfois des dessins ou lithographies représentant des fleurs, des plantes ou des oiseaux.

Il est l'auteur du *Décor Gobelins* édité en 1866 par la manufacture Zuber et de quatre dessins conçus en collaboration avec Martin Riester, imprimés à la planche, toujours par cette même fabrique.

Jean-Gabriel CHARVET

Formé à l'école gratuite de dessins de Lyon, il coopère à Lyon avec les Sieurs Ferrouillat et Cⁱᵉ puis Deyrieux Frères. En 1800, Joseph Dufour obtient de ces derniers qu'ils lui « cèdent » le dessinateur. C'est le début d'une collaboration amicale qui couvre non seulement la période d'activité mâconnaise mais également les débuts parisiens[1] de Dufour.

Trois tentures paysages sont dues au crayon de Charvet : les *Métamorphoses d'Ovide*, les *Ports de France* et les *Sauvages de la Mer pacifique* ou *Voyages du capitaine Cook*.

Jacques CHAUVEAU

Graveur à Rouen puis à Paris, J. Chauveau tient échoppe rue Saint-Jacques, aux Deux colonnes, « fait des papiers de tapisseries, à plusieurs planches & rentrées fort justes[1] ». D'après Jean-Michel Papillon dont il était le beau-frère, vers 1750, il perfectionne les « rentrures » de plusieurs planches[2] et imprime en couleurs à l'huile lavables. Il meurt en 1769.

La marque du modèle conservé au Département des papiers peints est ainsi libellée : « CHAUVAU. RUE DE BOUCLERIE PRES LE PONT ST MICHEL ».

1. *Les voyages du Capitaine Cook* ou *Les sauvages de la Mer pacifique*, Jean-Gabriel Charvet dessinateur, Dufour & Cie fabricant, 1804.
2. *Décor Gobelins*, Chabal-Dussurgey dessinateur, Zuber fabricant, 1866.
3. Jacques Chauveau, fin XVIIIᵉ siècle.
4. Jean-Gabriel Charvet dessinateur, Dufour & Cie fabricant, fin XVIIIᵉ siècle.

1

2

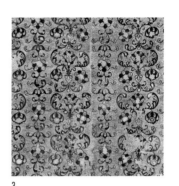

3

4

Claude Aimé CHENAVARD

Peintre et ornemaniste, il réunit une série d'éléments empruntés aux vieux styles français et tente de les introduire dans la composition d'œuvres d'art décoratif. En 1830, Brogniard se l'attache comme conseil à la manufacture de Sèvres. Deux projets de papier peint de sa main sont conservés au musée des Arts décoratifs.

Le dessinateur de la manufacture Dauptain, Martin, puisa dans son œuvre pour réaliser ses propres papiers peints.

Pierre CIETTI

Arrivé à Paris entre 1778[1] et 1784, date à laquelle il se marie à Saint-Laurent[2], le peintre Pierre Cietty travaille à la manufacture de Réveillon et de ses successeurs, comme l'attestent des billets signés Jacquemart et Bénard mis sous séquestre au moment de son arrestation. « Peintre et membre de la Commune », il demeure alors 53 rue de Montreuil. La paternité de plusieurs panneaux en arabesque édités par la célèbre manufacture du faubourg Saint-Antoine lui revient.

CLERC & MARGERIDON

Magnier, implanté 30 et 32 rue Basfroi de 1838 à 1840, exerce son activité dans le domaine des « articles d'exportation ». La raison sociale Magnier, Clerc et Margueridon, apparaît en 1841 à cette même adresse. Magnier, Clerc et Margueridon sont installés 36 rue Saint-Bernard en 1847, 46 rue Neuve-des-Petits Champs en 1849, 26 rue Saint-Bernard en 1850, leur dépôt étant situé 46 rue Sainte-Anne. La dénomination Clerc, Margeridon et Cie figure dans les almanachs en 1849 au 26 rue Saint-Bernard, avec dépôt 46 rue Sainte-Anne. Lors de l'Exposition des produits de l'industrie française, une médaille de bronze vient récompenser leur présentation d'un panneau à fond noir avec double rouge velouté et d'un autre bleu outremer avec dessin grenat et or. « La manufacture de papiers peints en tous genres : spécialité de paysages, lambris, rosaces, rayures », devenue Clerc & Margeridon en 1860, est reprise en 1866 ou 1867 par Desfossé & Karth.

48

1

2

1. Claude-Aimé Chenavard dessinateur, vers 1820.
2. Pierre Cietti dessinateur, Jean-Baptiste Réveillon fabricant, 1788.
3. *Les fêtes de Louis XIII*, Clerc & Margeridon fabricant, 1860-1866.

Jean-Baptiste, dit Auguste CLÉSINGER

Claude CLOSKY

Sculpteur et peintre de paysages, il collabore en 1855, au stand de Jules Desfossé à l'Exposition universelle de Paris. « Un autre artiste éminent, M. Clésinger, a voulu à son tour concourir à cette alliance de l'art et l'industrie ; il a fait une composition qui est un nouveau témoignage de ce que l'on peut obtenir avec les simples ressources du papier peint[1]. » Sous l'appellation *L'Automne* ou la *Bacchante*, Clésinger adapte sa sculpture *Femme piquée par un serpent*, y adjoignant un paysage de sa composition.

Né en 1963, Claude Closky étudie à l'École des arts décoratifs de Paris. Peintre, sculpteur, créateur d'assemblages, de multimédia, vidéaste, dessinateur, il est le cofondateur du groupe des frères Ripoulin en 1984, un groupe dans la mouvance de la Figuration libre. Durant cette période, il use des espaces publicitaires des rues de Paris et New York pour exposer ses travaux. Abandonnant définitivement la peinture en 1987, son œuvre s'oriente alors vers des compositions où les formes rivalisent avec les logos industriels. Il

transpose ses nouvelles recherches sur ordinateur. Claude Closky réalise ses premiers livres et ses premiers dessins en 1989. Comme ses livres, ses vidéos abordent une réalité préexistante, publicitaire ou cinématographique, où il monte et démonte des successions de séquences, supprimant les causes et ne conservant que les effets des récifs filmiques. Dans ses montages vidéo, toutes les images ont la même valeur.

Claude Closky est un artiste multimédia qui aborde aussi bien le son que l'objet, la vidéo, le dessin, la photographie, le papier peint auquel il s'intéresse à cause de sa répétitivité et de ses contraintes de composition, ou encore l'installation, les interventions sur le web et dans l'environnement urbain. L'œuvre de Claude Closky pose un regard distancié sur notre environnement publicitaire. Il conçoit le site internet du musée de la publicité en 1999. Auteur et éditeur de plusieurs papiers peints, Claude Closky crée *Augmentation réduction* en exclusivité pour le Centre Pompidou qui en offre un jeu au musée des Arts décoratifs. Peu après, Claude Closky donne l'ensemble de ses papiers peints, tous imprimés au cadre, au musée des Arts décoratifs.

1. *L'automne*, Auguste Clésinger dessinateur, Jules Desfossé fabricant, 1855 - 2. *Sans titre Surface habitable*, Claude Closky dessinateur et éditeur, 2006 - 3. *Sans titre Supermarché*, Claude Closky dessinateur et éditeur, 1996-1999 - 4. *Sans titre Tatouages*, Claude Closky dessinateur et éditeur, 1998-1999 - 5. *Sans titre Nasdaq*, Claude Closky dessinateur et éditeur, 2003 - 6. *Sans titre Marabout*, Claude Closky dessinateur et éditeur, 1997 - 7. *Augmentation et réduction*, Claude Closky dessinateur, Centre Pompidou éditeur, 2004.

1

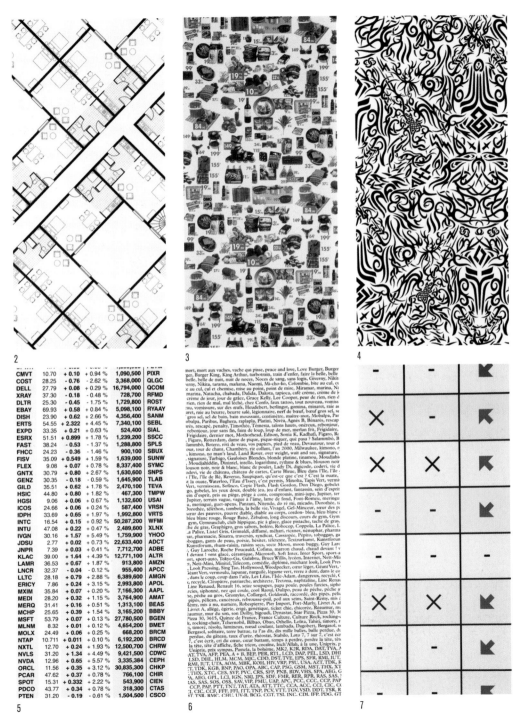

2

3

4

5

6

7

COMPAGNIE DES ARTS FRANÇAIS

Créé par Louis Sue et André Mare en 1920[1], cet atelier de décoration, installé rue du faubourg Saint-Honoré, est précédé en 1912 par l'Atelier français. La Compagnie des Arts français[2] fait travailler des peintres (Laurencin), des sculpteurs (Maillol), des ferronniers (Poillerat), des verriers (Marinot) et diverses artistes en tous genres. Absorbée par la Maîtrise, l'atelier des Galeries Lafayette, en 1928, elle est dirigée alors par Jacques Adnet (1900-1984). Elle ferme en 1959.

CONTREPOINT S. A.

Cette marque se veut à « mi-chemin des éditeurs et des marques à diffusion large », et désire rendre « la créativité accessible » à un plus grand nombre. Tenant boutique à Paris dans le 6e arrondissement, son siège est situé à Domblans, dans le Jura, fief du groupe V33 dont Contrepoint S.A. fait partie. En 1995, les seize collections de tissus et les trois albums de papier peint éditées sous la marque sont toutes signées Françoise Dorget.

1. Compagnie des Arts français éditeur, Louis Sue dessinateur, 1927.
2. Contrepoint S.A. éditeur, collection *Mémoires de papier*, années 1990.
3. Compagnie des Arts français éditeur, André Mare dessinateur, 1927.
4. *Ramure*, Contrepoint S.A. éditeur, collection *La route du papier*, années 1990.

1

3

Thomas COUTURE

Cet élève de Gros puis de Delaroche obtient le prix de Rome en 1838. Il débuta au Salon de 1838 mais fut surtout remarqué à ceux de 1845 et 1847. Invité par le fabricant Jules Desfossé à participer à son cycle sur *Les Vices et Vertus*, lors de l'Exposition universelle de Paris en 1855, il conçoit le tableau en papier peint *Les Prodigues*, encore dénommé *Les Pierrots*, identique à sa peinture *Souper à la maison d'or*. Ce papier ne laisse pas le public indifférent : louanges ou quolibets l'accueillent mais la prouesse technique qu'il représente, est saluée par tous. « L'artiste a voulu commencer par ce tableau comme étant celui qui lui offrait le plus de difficultés à vaincre… il a voulu du premier coup se contenter de quatre teintes là où d'autres en mettent douze à quinze ; il a rapproché à dessein les couleurs les plus éclatantes et les plus opposées ; il a choisi des étoffes blanches de différentes valeurs, et dans sa composition il les a placées l'une sur l'autre[1]. » Un deuxième papier peint figure à l'Exposition universelle de Londres en 1862 sous le titre *Prière après le travail*. Il « représente des moissonneurs rentrant au village, par un beau soir d'été. Au son de l'Angélus ils s'arrêtent devant une Madone, pour adresser leur prière à Dieu ». « C'est à M. Th. Couture que M. Jules Desfossé a demandé depuis longtemps déjà les cartons de ses tentures à personnages ; c'est dire qu'il n'est point partisan du style héroïque, ni du style Pompadour. Le panneau exposé cette année reproduit, ce nous semble, l'une des peintures de genre que M. Th. Couture a exécutées dans la chapelle de la Vierge de l'église Saint-Eustache[2]. » Une troisième esquisse, jamais imprimée, est peut-être due au pinceau de Couture. « Dans une galerie de l'appartement de Desfossé existait l'original d'un tableau qui n'a pas été gravé. Il représentait une femme faisant la lecture à ses amies qui brodaient de la lingerie[3]. » Il est certain que Jules Desfossé appréciait l'œuvre de Couture car il possédait en outre une étude pour le *Baptême du prince impérial*.

Edmé COUTY

Couty suit le cours supérieur d'art décoratif créé par son oncle Pierre-Victor Galland à l'École des beaux-arts de Paris, et enseigne lui-même la composition décorative et l'histoire de l'art à l'École des beaux-arts de Nice. Fixé à Paris en 1889, il assure l'enseignement des nouvelles formules de l'art décoratif à l'école de la chambre syndicale des Orfèvres, à l'Union centrale des Arts décoratifs et dans une académie privée. Il publie des articles dans la revue *Art et Décoration*, et prononce des conférences. Grand prix de l'Union centrale des Arts décoratifs en 1876, prix des manufactures de Sèvres en 1878, de Beauvais en 1883, il obtient des médailles d'or et d'argent en 1897 à Bruxelles. Officier d'Académie, il est secrétaire de la Commission rétrospective du papier peint en 1900. Il compose nombre de dessins pour étoffes et papiers peints et exerce ses talents d'ornemaniste en marqueterie.

54

1. *La prière*, Thomas Couture, Jules Desfossé fabricant, 1861.

2. *Les Pierrots* ou *Les Prodigues*, Thomas Couture, Jules Desfossé fabricant, 1855.

3. Edmé Couty dessinateur, vers 1900.

4. Edmé Couty dessinateur, vers 1900.

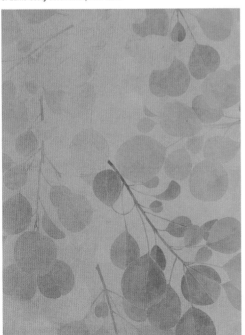

5. Edmé Couty dessinateur, vers 1900.

6. Edmé Couty dessinateur, vers 1900.

René CREVEL

Peintre et architecte décorateur né à Rouen, il habite 15 rue de Grenelle à Paris jusqu'en 1928 puis 2 chemin de Suresnes à Saint-Cloud. Participant au Salon d'automne, sociétaire des Artistes Décorateurs, il expose à partir de 1920 des portraits, des paysages et des marines. Il se fait remarquer au Salon des artistes décorateurs de 1921 par l'Exposition de panneaux décoratifs et de tentures murales réalisés en collaboration avec Jacques Camus. Il présente, avec Paul Follot, à l'Exposition internationale des Arts décoratifs de Paris en 1925, des tissus, des tapisseries et des toiles imprimées dans le pavillon de l'Ambassade française. Les fabricants ou éditeurs de papier peint *Le Cactus* en 1921, *Le Velouté* en 1927, *Geffroy* en 1923, 1927 et 1928, la Société française du Papier peint en 1930, Nobilis en 1934 et 1935, et la Société Isidore Leroy de 1924 à 1931 ont édité ses papiers peints.

A. CROISSANT

Installé 55 rue de Picpus dans les locaux de son prédécesseur Daniel, bien outillé dans la production du papier peint à la planche, A. Croissant modifie considérablement la fabrication de l'entreprise. Apparu dans le bottin de 1880, il participe à l'Exposition des beaux-arts appliqués à l'industrie de 1882 : sa production consiste alors dans les imitations des soieries, de velours de Gênes et de tapis d'Orient ; dans des tentures dites « cuirs repoussés ». A. Dubois lui fournit une bonne moitié des dessins de la collection annuelle.

Récompensé pour ses « tentures de toutes sortes, spécialité de papier bronze imitant la soie, carton cuir en relief, imitations de vieilles tapisseries », il est honoré d'une médaille d'or aux Expositions d'Amsterdam, en 1883, et d'Anvers, en 1885. Il est implanté à New York, Londres, Saint Petersbourg.

Maurice CROZET

Il fait ses études à Nantua, dans l'Ain, puis à l'École des beaux-arts de Genève. Peintre de portraits et de nus, d'animaux, de fleurs et fruits, et surtout de paysages animés, il expose à Paris à partir de 1920, participant régulièrement aux Salons d'Automne, des Tuileries, des Artistes indépendants. Ami de Paul Poiret, il dessine des tissus imprimés, des papiers peints, des tapis, des projets de verreries, des céramiques et des vases pour la manufacture nationale de Sèvres, des décorations d'intérieurs tels un fumoir en tapisserie pour la manufacture nationale de Beauvais ou des panneaux décoratifs pour l'école de Bessancourt. Il reçoit une médaille de bronze à l'Exposition des Arts décoratifs de 1925 à Paris. Certains de ses papiers peints furent édités par La Maîtrise, atelier des Galeries Lafayette, vers 1924.

1. René Crevel dessinateur, Société française des papiers peints fabricant, Editions d'Art Essef, 1930-1931.
2. A. Croissant fabricant, Dubois dessinateur, vers 1880.
3. René Crevel dessinateur, Société française des papiers peints fabricant, Editions d'Art Essef, 1930-1931.
4. Maurice Crozet dessinateur, Société anonyme des Anciens Établissements Desfossé & Karth fabricant, 1922.
5. *Rinceaux de feuilles*, Maurice Crozet dessinateur, Société anonyme des Anciens Établissements Desfossé & Karth fabricant, 1929.
6. *Cubiste*, Maurice Crozet dessinateur, Société anonyme des Anciens Établissements Desfossé & Karth fabricant, 1930.

1

2

3

4

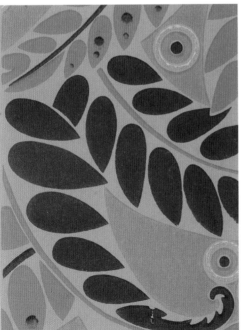

5

6

DANOIS

En 1870, L. Danois s'associe à Riquiez, « manufacture de papiers peints, veloutés et dorés ; spécialité de Perse-étoffes », installée 18 rue Erard, depuis 1866. La fabrique Riquiez apparaît au 125 rue de Charenton en 1839, au 155 à partir de 1851, et 18 Petite-rue-de-Reuilly, ci-devant 155 rue de Charenton en 1854. Auparavant, en 1838, Riquiez jeune et Lepaire agissent 155 rue de Charenton mais, en 1839, Lepaire part s'installer 19 Grande-rue-de-Reuilly. Dès l'entrée en vigueur de l'association Danois et Riquiez, la « fabrique de papiers peints, articles riches, veloutés, dorés et frappés, articles d'exportation » exerce son activité 18 rue Erard, et cela jusqu'en 1873. Cette année-là, L. Danois se retrouve en effet seul à la direction de la « fabrique de papiers peints, articles riches et veloutés dorés et frappés, articles d'exportation et cuirs repoussés, surahs, tapisseries, soieries bronze », situation qui restera en vigueur jusqu'en 1894, année au cours de laquelle la manufacture Danois, mentionnée alors rue Chaligny, est reprise par Alfred Hans. À l'Exposition universelle de Paris en 1878, Danois (L.), à Paris, rue Erard, 18 [présente des] imitations de tapisseries anciennes et articles riches ; estampés en tous genres qui lui valent une médaille d'argent. Participant à la 7e Exposition de l'Union centrale des Arts décoratifs en 1882, il s'attire ce commentaire : « Ce fabricant de papiers peints produit spécialement des articles riches. Adroit manipulateur des procédés en usage, il en est

même plus d'un dont M. Danois est l'auteur. Ses ingénieuses combinaisons ont certainement contribué à faire prévaloir la mode, de plus en plus répandue dans les tentures de luxe, de l'application des matières textiles dont on surcharge le fond d'impression, et qui produisent d'autant plus facilement les imitations de tapisseries que les éléments sont de la même nature. Le carnet rempli d'opulentes bordures, composées principalement de guirlandes de fleurs et de feuillages, empruntées particulièrement à l'exubérant Le Pautre, est tout à fait remarquable ; l'artisan adroit s'y montre un très habile décorateur, ayant su se faire une spécialité intéressante qu'aucun de ses

concurrents n'égale. La fabrication des cuirs repoussés qui sortent des ateliers de M. Danois, avec leurs reliefs surchargés d'une impression en couleur, sans que la dorure de ces reliefs en soit altérée, est encore une de ces trouvailles qui montrent avec quelle perfection M. Danois est un habile homme de métier en même temps qu'un homme de goût[1]. »

1. Danois fabricant ?, vers 1880.
2. Danois fabricant ?, vers 1880.
3. Danois fabricant, Baude dessinateur, vers 1880.

1

2

DAUMONT

Il figure parmi les cartiers dominotiers cités par Jean-Michel
Papillon. Le Département des
papiers peints du musée des
Arts décoratifs possède une série de cinq panneaux imprimés
en taille douce sur des feuilles
de papier vergé raboutées portant l'estampille « à Paris chez
Daumont ».
Faut-il y voir le prédécesseur de
Daumont et Cie, 2 place Saint-
Sulpice, qui « tiennent un entrepôt de papiers peints, veloutés
et décors, paravents et devants
de cheminées… » en 1826 ?

1. Daumont fabricant, fin du XVIIe siècle.
2. Daumont fabricant, fin du XVIIe siècle.
3. Daumont fabricant, fin du XVIIe siècle.

1

2

3

DAUPTAIN

Le papetier Jean-Baptiste Dauptain est établi « À la Renommée », rue Saint-Jacques, à Paris, au début des années 1780. En 1782, il rachète le premier fonds de Pierre-François Rimbault lorsque ce dernier quitte les quartiers centraux de Paris. Jean-Baptiste Dauptain fonde, avec ses propres ressources, avant 1791, rue Planche-Mibraye puis 11 rue Saint-Bernard, une manufacture de papier peint. Mais « Dauptain, fabricant de papiers peints, propriétaire sans association et créateur d'une manufacture assise sur son propre terrain rue Saint-Bernard n° 26 faubourg Saint-Antoine[1] » avait trop présumé de ses forces ; aussi, le 25 février 1806, est-il contraint de solliciter du ministre de l'Intérieur[2] un prêt qui lui est refusé. L'adresse devient 26 rue Saint-Bernard en 1807. Après la mort de Jean-Baptiste en 1811, la fabrique, reprise par sa veuve, apparaît sous la raison sociale Dauptain Veuve et fils. En 1817, elle devient Dauptain fils et sœur. Après la dissolution de cette société en 1835, « Mr Jean-Baptiste François Dauptain négociant demeurant à Paris rue Saint-Bernard n° 26 (faubourg Saint-Antoine) et M. Pierre Adrien Jacques Brière voyageur de commerce demeurant à Paris même adresse et numéro, ont formé entr'eux une société en nom collectif ayant pour objet la fabrication et la vente des papiers peints. » La dite société fonctionnera de 1836 à 1841 puis sera reprise par Brière seul.

En 1823, Dauptain fils « fabrique toutes les qualités de papiers peints pour tenture, tels que fonds unis, satinés, veloutés de toutes dimensions et de toutes nuances, frises, bordures dorées, dessins et décors, camées en coloris et en grisaille, paysages divers ». Et le *Bazar parisien* d'ajouter : « Ils se sont spécialement attachés à mettre toutes leurs productions à la portée du commerce, en alliant la modicité des prix à la bonne fabrication ; et la facilité de la pose à l'élégance de leurs dessins. »

Ils proposent des tentures Moyen-Âge, Renaissance, Rocaille, Pompadour. Le dessinateur Martin fournit des motifs arabes et des compositions inspirées par Aimé Chenavard ; Victor Poterlet dessine un décor Pompéien en 1832, Polische des oiseaux de basse-cour d'après Jean-Baptiste Huet la même année. Dauptain fils, servi par de fortes études de chimie, ne cessa de faire d'importantes découvertes qui l'aidèrent considérablement dans la préparation des matières premières et permirent de grandes améliorations techniques. On lui doit en particulier l'invention du blanc fixe (sulfite de barite).

1. Dauptain fabricant, Victor Poterlet dessinateur, 1828.

2. Dauptain fabricant, vers 1845.

3. Dauptain fabricant, Victor Poterlet dessinateur, vers 1850.

4. *Attributs de musique*, Dauptain fabricant, 1805-1810.

5. Dauptain fabricant, vers 1810-1820.

DÉCOFRANCE

L'établissement Verkindère, implanté 13 à 17 rue de la Lys à Hallouin, dans le Nord, dépose la marque Décofrance en 1970, marque qui devient sa nouvelle appellation. Dans les années 1970, Décofrance – dirigée par Francis Deroulez de 1956 à 1985 – est le numéro 2 du papier peint français, juste derrière Leroy. Elle est présente lors des ventes de participation de Dumas, Gaillard-Motel, Turquetil vers 1979, avant de fermer ses portes en 1985.

DÉCOGRAF

Vers 1970, Denis Delabrière et sa femme ouvrent un atelier d'impression au cadre plat où ils impriment à façon pour Les Dominotiers ou encore les papiers peints de Dauphine d'Anduze. Ils éditent leurs propres collections de 1981 à 1990. Sept collections seront ainsi diffusées sous leur marque. Parmi celles-ci, les « panoramiques », les « décors pour enfants » comportant des papiers à peindre, les « Daffodil » dessinées par Éliane Dugimont.

DEGUETTE & MAGNIER

La société pour la fabrication et la vente en gros et en détail de papiers peints pour tenture est active de 1821 à 1833, 25 puis 25bis rue de Ménilmontant. Une société Louis Deguette est constituée avec Laurent Lecerf en 1837.
Magnier, 30 et 32 rue Basfroi s'adonne à l'exportation de 1837 à 1840 puis apparaît sous la raison sociale Magnier, Clerc et Margueridon de 1840 à 1850. En 1827, Deguette et Magnier sont cités avec éloge pour leurs beaux papiers peints[1].

1. DécoFrance fabricant, 1970.
2. *Blissful*, Décograf fabricant, collection panoramiques n° 3, vers 1975.
3. *La révolution de 1830*, Deguette & Magnier fabricant, vers 1835.
4. DécoFrance fabricant, 1970.

1

2

3

DELEPOULLE

P. Delepoulle, successeur de E. Thibaut, 25 rue Saint-Augustin, vend entre 1896 et 1900 des « papiers peints de tous styles, toiles peintes, reproduction de cretonnes, etc. Papiers peints depuis 15 centimes le rouleau de 8 mètres, [et] des panneaux décoratifs 'Home décor' [et précise dans une publicité] Papiers peints tous styles, toiles peintes, reproduction de cretonne papiers depuis 0 fr 75 cent. le rouleau ».

En 1907, P-E Delepoulle[1] dépose une marque pour des toiles peintes et panneaux décoratifs, dépôt renouvelé en 1923. Les marques Néo-décor[2], Tenturmur et Plouf[3] sont enregistrées en 1928, Central papiers peints[4] en 1929 comme la marque de la société Bricard Besson & Delepoulle Le papier peint[5], Marteles[6] en 1932.

En 1930, Paul Delepoulle, gérant de Delepoulle S.A.R.L., 25 rue des Augustins à Paris, prend la marque Damastyle en association avec Le Mardelé S.A.R.L[7].

Il annonce : « tenture – tapisserie – peinture P. Delepoulle 25 rue Saint-Augustin (avenue de l'Opéra) – Paris. Maison fondée en 1850. Les plus hautes récompenses aux expositions – Hors concours décoration générale d'appartements. Le plus grand choix de tout Paris. Dernières nouveautés pour 1914-1915, papiers peints avec frises, tissus d'ameublement, toiles peintes et décors, cretonnes et toiles de Jouy, et tout ce qui concerne la décoration intérieure. »

1. Delepoulle éditeur, Société anonyme des Anciens Établissements Desfossé & Karth fabricant, 1920.
2. Delepoulle éditeur, Société anonyme des Anciens Établissements Desfossé & Karth fabricant, 1920.
3. Delepoulle éditeur, Société anonyme des Anciens Établissements Desfossé & Karth fabricant, 1920.

1

2

DÉLICOURT

Étienne Délicourt (1806-1883) reprend, à la mort de son père Nicolas, son emploi d'imprimeur et commis chez Joseph Dufour. Il suit Xavier Mader lorsque celui-ci quitte Dufour & Leroy en 1821. En 1835, Délicourt ouvre une fabrique de papiers peints en commandite avec Zuber sous la raison sociale Délicourt & Compagnie, 16 rue des Amandiers-Popincourt à Paris, et s'associe avec Campnas et Garat, les représentants parisiens de Zuber. Étienne Délicourt exploite, seul, sa société 125 ter rue de Charenton à partir de décembre 1841 jusqu'en 1858. Il la cède alors aux frères Hoock. En 1839, lors de l'Exposition des produits de l'industrie française, É. Délicourt reçoit une médaille d'argent car « L'Exposition est très variée : nous y avons particulièrement distingué un décor composé de plusieurs panneaux ; des papiers imitant fidèlement les étoffes les plus riches et les bois d'ébénisterie avec incrustations ; deux devants de cheminée en grisaille à la manière anglaise. » À l'Exposition de 1844, il s'attire ce commentaire : « Tous ses produits se distinguent par le soin de l'exécution, la qualité des matières premières et le choix des dessins. [...] En passant en revue les principaux décors qu'il a mis dans le commerce depuis 1839, on est frappé de leur belle exécution, et, par leur nombre et leurs variétés. [...] L'essor que cette fabrique a pris [...], le soin apporté à l'exécution de tous les produits qui en sortent, rendent la maison Délicourt digne de la médaille d'or. » Celle-ci est rappelée en 1849 : « L'établissement de M. Délicourt, qui occupe près de 300 ouvriers est après celui de M. Zuber de Rixheim, dont il se rapproche par l'heureux choix des dessins et leur parfaite exécution, le plus important dans ce genre de fabrication. [...] M. Délicourt expose de très beaux papiers, fonds doubles verts au blancs de zinc. Les bouquets et les guirlandes qui ornent ses panneaux ne laissent rien à désirer. » Lors de l'Exposition universelle de Londres, en 1851, Délicourt qui « a ouvert une voie nouvelle aux papiers peints par l'étude sérieuse des divers styles d'ornementation [et] étudié avec soin l'agencement et l'harmonie des couleurs grâce aux leçons de notre illustre chimiste M. Chevreul », est récompensé d'une Council Medal. En 1855, la maison Délicourt entretient deux cent cinquante cinq ouvriers. L'Exposition universelle parisienne lui apporte une médaille d'honneur pour « l'harmonie des couleurs, le charme et la perfection du dessin, un goût parfait dans le choix des dispositions ».

1. Délicourt fabricant, vers 1850.
2. *Les grandes chasses*, Délicourt fabricant, Antoine Dury dessinateur, 1851.
3. *Les grandes chasses*, Délicourt fabricant, Antoine Dury dessinateur, 1851.
4. Délicourt fabricant, 1854.
5. Délicourt fabricant, vers 1855.

1

2

3

4

5

DELTA

Spécialiste du revêtement mural, Delta[1] propose plusieurs collections dans ses salles d'exposition parisienne – 31 avenue de la République dans le XIe arrondissement – et toulousaine – 1 rue Maurice-Fontvieille – vers 1975. Ce sont des papiers vinyls parfois imprimés à la main sur papier uni ou sur métallisé, des textiles muraux vinyliques Delta Mural, des métallisés Delta Méta[2], des panoramiques imprimés en sérigraphie d'après un dessin d'Yves Poyet pour le *Paul et Virginie*, et des textiles.

Jean-Julien DELTIL

Élève de Debret à l'École des beaux-arts de Paris, Deltil, tout en résidant à Paris, dessine des papiers peints panoramiques et des camées pour la manufacture Zuber. Pour l'entreprise alsacienne, il fournit, dans le registre des papiers peints panoramiques, les esquisses des *Vues de la Grèce moderne* ou *Les combats des Grecs* (1828), des *Vues du Brésil* (1830), du *Paysage à chasses* (1832), des *Vues d'Amérique du Nord* (1834) et des *Courses de chevaux* (1837).
Vers 1818, Deltil avait dessiné et signé *La Bataille d'Héliopolis*, connue aussi sous le titre des *Français en Égypte*, décor panoramique édité par le fabricant parisien Velay.

Maurice DENIS

Le peintre des compositions à personnages, des paysages, des natures mortes, fut un des rares décorateurs de sa génération capable d'assumer de vastes surfaces, tels le plafond et les frises du Théâtre des Champs-Élysées peints en 1912.
Aquarelliste, graveur, lithographe, dessinateur, illustrateur, il conçut quelques modèles de papier peint, tant pour le mur que pour des abats-jours, imprimés de façon artisanale.

1. *Spring time*, Delta fabricant, 1973.
2. *Côte de Gênes*, Jean-Julien Deltil dessinateur, Zuber fabricant.
3. Maurice Denis dessinateur, 1893.
4. Delta fabricant, vers 1930 ?
5. *Cluny*, Claude Barte dessinateur, Delta fabricant?, vers 1970.
6. Delta fabricant ?, vers 1970.
7. *Chaville*, Delta fabricant ?, vers 1970.

1

2

3

4

5

6

7

Jules DESFOSSÉ

Il reprend la maison Mader située 1 rue de Montreuil et 223 faubourg Saint-Antoine, en 1851. Desfossé propose alors des « Articles d'exportation, décors, paysages en tous genres, papiers de luxe. » L'adresse devient faubourg Saint-Antoine en 1855. En 1851, J. Desfossé expose à Londres mais ne concourt pas sous son nom. « La maison Mader, de Paris, a obtenu une médaille de prix, pour un beau décor représentant un jardin. On remarquait surtout, dans un panneau, les figures des muses d'un fini d'exécution remarquable ainsi que les ornements en fleurs. Les papiers d'une exécution courante, étaient également bien fabriqués[1]. »

À Paris, en 1855, Desfossé est remarqué pour « ses grands décors à fleurs, ses papiers veloutés imitant la soie, ses tentures de luxe et papiers d'usage courant […] M. Desfossé s'est adressé à des artistes d'un haut mérite pour l'exécution d'une série de grandes peintures destinées à être reproduites par l'impression. Deux de ces panneaux […] commencent une série intitulée *Les Vices et les Vertus* ; […] De grandes difficultés d'exécution surmontées, des efforts notables pour donner à la fabrication des papiers peints une impulsion dirigée dans la voie de l'art avec des moyens d'exécution peu dispendieux, un développement considérable apporté à la fabrication courante, l'extension puissante imprimée en peu d'années aux opérations d'une maison déjà importante, tels sont les principaux titres qui recommandent M. Desfossé d'une manière toute spéciale, le placent à un des premiers rangs dans l'industrie des papiers peints et le rendent digne de la récompense que lui accorde le jury international en lui décernant la médaille de 1re classe[2]. » Il « occupe près de 300 ouvriers qui maintiennent en activité 96 tables à imprimer, à foncer et à satiner » et ouvre une maison à Londres et une à New York[3].

À l'Exposition londonienne de 1862, « ce fabricant [récompensé par une médaille d'excellence] avait une exposition des plus complète ; on y trouvait à peu près tout ce qui se fait en papier peint. En outre, il avait un tableau d'une très grande dimension représentant un forêt vierge de la plus belle exécution […] un tableau représentant *La Prière* […] Nous avons également remarqué un autre tableau représentant un jardin au lever du jour. Vases de fleurs, frises, jolis médaillons, panneaux, dessins veloutés et dorés, le tout de bon goût et une parfaite exécution[4]. » « La maison de M. Jules Desfossé est aujourd'hui la plus considérable non seulement de Paris mais de toute l'Europe[5]. » En 1864, Jules Desfossé s'associe à Hippolyte Karth.

1

1. Jules Desfossé fabricant, 1855.
2. Jules Desfossé fabricant, vers 1870.
3. Jules Desfossé fabricant, 1856.
4. Jules Desfossé fabricant, 1856-1857.
5. *Décor Alhambra*, Jules Desfossé fabricant, 1853-1854.
6. *Décor galerie de Flore*, Jules Desfossé fabricant, vers 1855.
7. Jules Desfossé fabricant, Wagner dessinateur, 1855.

3

5   6

8

9

10

8. Jules Desfossé fabricant, 1855.
9. *Décor Paul et Virginie*, dessin
de Mader, Jules Desfossé fabricant, 1842.
10. *Décor floral Louis XVI*, Jules Desfossé
fabricant, Edouard Muller dessinateur, 1863.
11. Jules Desfossé fabricant, Edouard Muller
dessinateur, vers 1855.

DESFOSSÉ & KARTH

Cette manufacture est sise 223 faubourg Saint-Antoine depuis l'association de Jules Desfossé et Hippolyte Karth en 1864. Ils se disent « successeur de Mader frères » et vantent leurs « papiers pour tentures, glacés, veloutés, dorés et estampés, décors, articles de style ». L'apport de H. Karth est constitué des fonds Clerc et Margueridon et Dufour & Leroy, celui de J. Desfossé de celui de Mader. Par la suite, Desfossé et Karth achetèrent des articles de Kob et Pick, Balin frères, Eberling, Jouany, Boucard, Pacon et du nantais Préaubert. En 1876, la raison sociale devient Jules Desfossé et de nouveaux bâtiments sont bâtis. La société se dénomme les Héritiers de Jules Desfossé en 1889, Desfossé (Eugène) et Karth (Jules) en 1891, Société anonyme des Anciens établissements Desfossé & Karth en 1899[1]. En 1867, année au cours de laquelle ils ouvrent un dépôt à Londres[2], Desfossé et Karth présentent leurs produits à la Société d'encouragement, rue Bonaparte.

« N'ayant pas fait exécuter d'ouvrages spéciaux pour l'Exposition, il leur a suffi de choisir parmi les œuvres qui sortent journellement de leurs ateliers. […] Tableaux, décorations et panneaux de tous genres, tout est digne de la réputation acquise par cette manufacture ; elle a attaché son nom à des chefs-d'œuvre, qui resteront longtemps comme des modèles excellents dans l'industrie des papiers peints. […] Ces précieux résultats de notre industrie sont dus à l'alliance constante de l'art et du métier ; il a fallu vaincre les difficultés d'un nombre infini de planches et les remplacer par la savante combinaison d'un nombre très restreint ; par ce travail, on est parvenu à obtenir une reproduction artistique, tout en alliant la beauté du produit à l'économie de la fabrication. […] Les damas, les perses, coloris, modelés, styles et veloutés de cette maison ne laissent rien à désirer. Exécution, harmonie des teintes, fraîcheur de coloris, tout y est habilement réussi[3]. »

Hors concours car souvent membre du jury, Desfossé et Karth ne participe pas aux expositions universelles de la fin du XIXᵉ siècle. L'entreprise a produit : capitons (1855), mousselines (1857), alhambras (1857), frappés dorés (1863), cuirs (1866), faïences à plat (1869), faïences en relief (1873), velours vénitiens et tapisseries (1874), grands cuirs (1883). Tout en maintenant la fabrication à la planche, Desfossé et Karth fabrique des articles à la machine à partir de 1899. Et, depuis 1892, l'établissement a des ateliers au faubourg Saint-Antoine pour les toiles d'application.

1. Jules Desfossé fabricant, Edouard Muller dessinateur, 1859.
2. *Mauresque*, Jules Desfossé fabricant, Edouard Muller dessinateur, 1868.
3. Jules Desfossé fabricant, 1855-1857.
4. *Fantaisie japonaise*, Jules Desfossé fabricant, 1875.
5. Jules Desfossé fabricant, Christopher Dresser dessinateur, 1879.
6. Jules Desfossé fabricant, 1873.
7. Jules Desfossé fabricant, vers 1900.

3

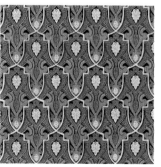

2

3

4

5

6

7

DEYRIEUX

Jérôme Deyrieux (1756-1814) est l'un des quatre associés de la société Sieurs Ferrouillat & C\ie constituée en 1785 et installée dans l'ancien hôpital de la Charité, à Lyon. Il est responsable du côté commercial de l'entreprise. En 1794, un nouveau bail est signé, à la même adresse, par les associés qui se nomment alors Deyrieux Frères, Faivre & Dufour, Jérôme Deyrieux ayant fait entrer dans la société ses deux frères, Jacques et Pierre. La société Deyrieux Frères, Faivre & Dufour est dissoute en 1797. Lors du recensement de 1810, Deyrieux Frères est toujours installé dans le même local où il est dénombré douze tables à imprimer, douze imprimeurs, trois graveurs, un fonceur, quatre lisseurs, deux aides, trois hommes de peine et quinze enfants. En 1810 ou 1811, Deyrieux Frères cède la manufacture à Rosset.

A. DUBOIS

« M. Croissant a désigné particulièrement parmi ses collaborateurs M. A. Dubois, qu'il signale comme un artiste de beaucoup de talent et de goût, fournissant à sa maison une bonne moitié des dessins de sa collection annuelle. » écrit Alfred Firmin-Didot dans le *Rapport du jury troisième groupe – Décoration du papier –* de la 7ᵉ Exposition organisée au Palais de l'industrie en 1882 par l'Union centrale des Arts décoratifs.

1. Liberté, Deyrieux fabricant, vers 1790.
2. A. Dubois dessinateur, vers 1880.
3. Duchesne fabricant, vers 1900.
4. Deyrieux fabricant ?, vers 1795.
5. Deyrieux fabricant ?, vers 1795.
6. Deyrieux fabricant ?, vers 1795.
7. Duchesne fabricant, vers 1900.
8. Duchesne fabricant, vers 1900.
9. Duchesne fabricant, vers 1900.

L. DUCHESNE

La manufacture de « papiers peints, de verre et glaces, enduits hydrofuges contre l'humidité » est située 16 rue Croix des Petits-Champs de 1851 à 1853, 204 boulevard Voltaire en 1889, 5 boulevard des Filles-du-Calvaire en 1897. Elle reprend la maison Jouanny en 1900 et peut alors passer la réclame suivante : « Manufacture de papiers peints en tous genres ; bon marché absolument réel ; maison de confiance… carnets spéciaux de cretonnes imprimées avec papiers assortis. Maison de confiance reconnue comme vendant le meilleur marché de Paris. immenses assortiments ; dessins modernes ; nouveau style. » Duchesne figure en tant qu'éditeur, 5 boulevard des Filles-du-Calvaire, à l'Exposition universelle de Paris en 1937.

1

2

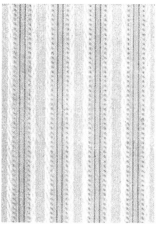

3

4

5

6

7

8

9

DUFOUR & Cⁱᵉ

Joseph Dufour (1754-1827) étudie à l'École royale de dessin de Lyon. Puis, en 1785, il devient un des associés de la manufacture de papiers peints des Sieurs Ferrouillat & Cⁱᵉ, sise dans l'ancien hôpital de la Charité à Lyon. En 1794, il est partie prenante dans la société Deyrieux Frères, Faivre & Dufour, située dans les mêmes locaux, association dissoute en 1797 en raison de son départ pour Mâcon.

À Mâcon, les sociétés Dufour Frères & Cⁱᵉ puis Joseph Dufour & Cⁱᵉ connaissent des débuts difficiles. Grâce à une collaboration avec le manufacturier parisien Simon, les choses changent et, fort du succès rencontré lors de l'Exposition des produits de l'industrie française de 1806, Joseph Dufour décide de s'installer à Paris.

Il s'attire en effet ce commentaire : « M. Joseph Dufour, de Mâcon, déjà connu avantageusement par sa fabrique de papiers peints, a expédié de nouvelles tentures, dont les sujets tirés des voyages du Capitaine Cook sont peut-être ce que l'art a produit de plus curieux en ce genre ; peines, soins, sacrifices pécuniaires, rien n'a pu décourager M. Dufour. Des difficultés sans nombre étaient à surmonter ; tout était à créer ; il est enfin arrivé au but, et au point de recueillir le fruit de ses longs travaux[1]. »

J. Dufour s'installe en 1808 à Paris, 17 rue Beauveau faubourg Saint-Antoine, dans les locaux occupés par Honoré depuis 1801. En 1810, le même Honoré lui cède les bâtiments du 10 rue Beauveau faubourg Saint-Antoine qui devient 10 rue Beauveau Saint-Antoine en 1825.

Les raisons sociales sont Dufour en 1812, Joseph Dufour en 1816, J. Dufour et Cⁱᵉ de 1820 à 1826. « La fabrication des papiers de tenture bornée dans l'origine, a pris, depuis quelques années, le plus grand accroissement ; elle est, en ce moment, portée au plus haut degré de perfection qu'elle puisse atteindre ; et la France a, sous ce rapport, acquis une supériorité signalée qui rend les états voisins, et même l'Amérique, tributaires de ses riches fabriques. Au nombre de celles que nous devons signaler avec le plus de justice, se place au premier rang la fabrique de M. Dufour. C'est au chef de cette maison importante que nous devons les premiers paysages camaïeux et coloriés. Ses paysages historiques, ses draperies et notamment ses tentures, ne le cèdent point, en beauté, aux plus riches tentures de soie. Tous les produits de cette belle manufacture démontrent que M. Dufour a la connaissance la plus profonde d'un art qui lui est aujourd'hui si redevable. Le Jury a décerné à M. Dufour une médaille d'argent, lors de l'Exposition de 1819[2]. »

1

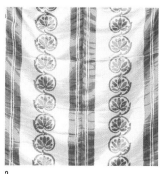

2

1. *Le retour du messager d'amour*, Dufour & Cie fabricant, vers 1815.
2. Dufour & Cie fabricant, vers 1805.
3. Dufour & Cie fabricant, vers 1815.
4. Dufour & Cie fabricant, vers 1820.
5. Panneau intermédiaire de la *Galerie mythologique*, Joseph Dufour fabricant, 1812.
6. *Galerie mythologique*, Joseph Dufour fabricant, 1812.

4

5

APOLLON ET PHAÉTON.

DUFOUR & LEROY

Joseph Dufour s'associant à son gendre Amable-Philibert Leroy, la raison sociale du 10 rue Beauveau – Saint-Antoine devient Dufour (Joseph) et Leroy, dénomination en vigueur de 1822 à 1835, avec une exception pour l'année 1826 où on lit Dufour et Leroy.

La manufacture occupe alors une des premières places dans l'industrie du papier peint français. « Les belles tentures à sujets variés qui se fabriquent depuis longtemps dans la manufacture de M.Leroy-Dufour […] sont de véritables tableaux qui forment un très bel ornement dans les appartements. […] Le génie de ces ingénieux manufacturiers qui ont inventé ce genre de tenture mérite des éloges et des encouragements par le goût et la perfection avec lesquels ils l'ont exécuté[1]. »

En 1836, Amable Leroy vend à bail le fonds de Dufour & Leroy à Lapeyre J. et Drouard et Cie, installés 10 rue Beauveau – Saint-Antoine de 1850 à 1854.

DUMAS

Alexandre Dumas est associé à Percot-Damery[1], 127 rue de Charenton, en 1833 et 1834. Il leur succède en 1835. La raison sociale apparaît sous le libellé Dumas A. et Cie, 127 rue de Charenton en 1838, Dumas et Cie de 1840 à 1850. En 1844, l'entreprise est située 35 Grande-rue-de-Reuilly. Dumas Alexandre et Arsène, « Manufacture de papiers peints. Fournisseur de S.M. l'Empereur et du prince Napoléon » en 1851, tient fabrique 35 Grande-rue-de-Reuilly. Devenue Dumas (P.A.) en 1863, elle apparaît régulièrement dans les almanachs. Elle ouvre un magasin 26 rue des Victoires en 1869 en association avec Barbedienne. En 1855, « La manufacture de papiers peints dirigée par MM. Dumas occupe près de 100 ouvriers et les produits qu'elle expose lui assignent un rang important dans cette grande industrie. Le jury leur décerne une médaille de 2e classe. » En 1906, Paul et Arsène Dumas rachètent les usines de Montreuil-sous-Bois installées place de la République par Valette[3] en 1896 qu'ils reconstruisent totalement après l'incendie de 1921. De-

puis 1908, la manufacture utilise pour l'impression des tissus et des papiers peints les mêmes cylindres en relief de 75 centimètres de largeur. Tout comme son confrère la Société anonyme des Anciens établissements Desfossé et Karth, elle imprime alors « à façon » pour Nobilis par exemple. En 1925, il est écrit : « Amoureux de la matière & connaissant toutes ses ressources, P.A. Dumas, de qui le sens artistique s'est affiné par une longue expérience, apporte à l'exécution des œuvres les plus subtiles une grande autorité. La tradition de métier, appliquée avec discernement, sert tout à la fois l'industriel & le créateur[4]. » Il obtient d'ailleurs un grand prix. à l'Exposition internationale de 1937, Alfred Dumas apparaît comme éditeur 24 rue Notre Dame des Victoires à Paris tandis que la Société anonyme Paul Dumas figure en tant que fabricant 67 rue Arsène-Chéreau à Montreuil-sous-Bois (Seine). La société poursuit avec excellence ses activités après la Seconde Guerre mondiale, faisant appel à des créateurs de qualité, mais elle est contrainte de déposer son bilan en 1979.

1

2

1. Dumas fabricant, Victor Poterlet dessinateur, vers 1845.
2. Dumas fabricant, collection PEP, vers 1965.
3. Dufour & Leroy fabricant, vers 1824.
4. Dufour & Leroy fabricant, 1834-1835.
5. Dufour & Leroy fabricant, 1834.
6. Dumas fabricant, collection *Fulgor*, vers 1965.
7. Dumas fabricant, collection *PEP*, vers 1965.
8. Dumas fabricant, Victor Poterlet dessinateur, 1845.
9. Dumas fabricant, collection *Festival*, vers 1965.
10. Dumas fabricant, collection *Fulgor*, vers 1965.

3

4

5

6

7

8

9

10

Victor DUMONT

Grand dessinateur de fleurs et d'ornement, il traduit pour Bezault et Pattey le panneau central du *Décor Louis XVI* créé par Jules Petit, conçoit le panneau central de la *Galerie Louis XIV* pour Délicourt, Hoock frères successeurs.

Outre les fabricants déjà cités, Desfossé et Karth, Gillou et Thorailler, Riottot et Pacon, Zuber de 1854 à 1900, achètent ses esquisses pour papier. Il obtient une médaille d'argent à l'Exposition universelle de 1867

DURAS

La marque de ce Bordelais actif dans les années 1770 est la suivante : « De la fabrique du Sieur Duras à la place Dauphine à Bordeaux ». Elle figure sur des papiers peints retrouvés par Jacques et François Blanc-Subes dans leur château de Saint-Pandelon, dans les Landes, où ils furent posés entre 1774 et 1778. Plusieurs des papiers en question portent la date 1772. Il semble que Duras ait également commercialisé des papiers peints anglais.

DURRANT fils aîné (E.)

À Paris, rue de Montreuil, 57. Présente à l'Exposition universelle de Paris en 1878 des « papiers veloutés dits laine, Utrecht, lustrés soie, brodés or, dorés frappés ».

1. Victor Dumont dessinateur, vers 1880.
2. Duras fabricant, 1750-1800.
3. Victor Dumont dessinateur, vers 1880.

1

2

Antoine DURY

Élève de Bonnefond et de Picot aux écoles des beaux-arts de Lyon et Paris, il expose à Paris de 1844 à1848 et se fixe en Angleterre vers 1878.

Il dessine pour le fabricant de papiers peints Délicourt *La grande chasse*, peinture dans le style de Desportes, présentée à Londres en 1851. « *La chasse dans la forêt* a été classée, à juste titre, parmi les œuvres les plus remarquables de l'Exposition universelle. Qu'on ne croie pas que ce soit là un de ces chefs-d'œuvre comme l'ancienne industrie se plaisait à en créer, chefs-d'œuvre qui profitent plus à l'amour-propre minutieux du fabricant qu'au progrès de la fabrication. Non, la chasse de M. Délicourt a prouvé que l'industrie du papier peint est capable de s'élever aux plus beaux effets de l'art, et qu'elle a conquis définitivement son rang parmi les plus splendides productions approuvées par le goût[1]. »

Auguste DUSSAUCE

Peintre décorateur, élève de Matis et de Deroche, il expose au Salon des natures mortes et des portraits de 1827 à 1859. « La traduction du tableau de la *Jeunesse* [original de Charles-Louis Muller] présentait les plus grandes difficultés en raison du nombre infini de planches nécessaires pour arriver à une belle perfection de résultat ; l'interprétation exacte et fidèle d'une peinture aussi capitale demandait un artiste d'une habileté éprouvée, et c'est M. Dussauce, qui a déjà rendu tant de services à l'industrie du papier peint, qui a eu le mérite de la mener à bonne fin[1]. »

« Dussauce, le dessinateur [Peintures appliquées à l'industrie des papiers peints, des tapis et des étoffes en général], a eu la médaille de première classe et la Légion d'honneur ; tout le monde sait que M. Dussauce est industriel pour son compte autant que collaborateur de M. Délicourt[2]. »

DUSSERRE

« Il y a quatre manufactures de papier peint à Lyon ; celle de Dussère et Compe (Camille Pernon) […] Deux de ces manufactures ont émis des dessins qui ont paru dignes d'être demandés à Paris. Celle de Pernon a inventé les papiers façon linon brodé[1]. »

En 1801, l'associé de Pernon, François Grognard, frère du peintre Alexis Grognard[2], cherche à implanter à Paris un dépôt « de votre manufacture d'étoffe de soie et de celle de papiers peints. »

1. Dusserre fabricant ?, années 1780.
2. *Les grandes chasses*, Antoine Dury dessinateur, Étienne Délicourt fabricant, 1851.
3. *La jeunesse*, Antoine Dury dessinateur, Étienne Délicourt fabricant, 1855.

1

2

3

ÉBERT & BUFFARD

Jules Otto Ébert, fabricant de papiers peints, et Marc Étienne Buffard, négociant en papiers peints, s'associent en mai-juin 1836[1]. Ils sont établis 297 faubourg Saint-Antoine à Paris. La « fabrique de papiers peints veloutés et dorés, particulièrement pour l'exportation » est active à cette adresse jusqu'en 1846. D'après le Jury central de l'Exposition des produits de l'industrie française, en 1844, « MM. Ébert et Buffard se livrent à la fabrication des papiers peints pour tenture représentant des dessins d'étoffes. MM. Ébert et Buffard sont dignes d'une mention honorable. » En 1847 et 1848, Ébert O., ci-devant Ebert et Buffard, « Fabrique de papiers peints veloutés et dorés, exportation et commission », s'est installé 47 rue de Charonne, faubourg Saint-Antoine.

Eugène EHRMANN

Ami de Fritz Zuber, il entre comme chimiste à la manufacture en 1826, se consacre rapidement à l'atelier de dessin de la fabrique et collabore à de nombreux paysages pour lesquels il assure la partie florale. *Le Décor chinois* (1832), *Isola Bella* (1842), *l'Eldorado* (1848) et les *Zones terrestres* (1855) figurent parmi ses réalisations primées.

Il obtient une médaille d'argent à l'Exposition universelle de Paris, en 1867, en tant que « chimiste et dessinateur chez Zuber ».

ÉLITIS

Arnaud Desgrottes, auparavant chez Fardis, crée cette société de décoration murale en mai 1988. Installée 2 bis rue Jean Rodier à Toulouse, ayant un magasin de présentation 35 rue de Bellechasse à Paris, la maison d'édition, soucieuse de qualité, développe des formes nouvelles de revêtements muraux dans le domaine du papier peint traditionnel, des tissus muraux ou des matériaux les plus innovants. Elle fait appel aux meilleurs façonniers.

1. Ébert & Buffard fabricant, 1800-1830.
2. *La vigie de Koat Ven*, Eugène Ehrmann et Jugoly dessinateurs, Zuber fabricant, 1862.
3. Élitis éditeur, collection *Comédies*, 1997.
4. Eugène Ehrmann dessinateur, Zuber fabricant, 1868-1869.
5. Ébert & Buffard fabricant, 1800-1830.
6. Élitis éditeur, collection *Comédies*, 1997.
7. Ébert & Buffard fabricant, 1800-1830.

1

2

3

4

5

6

7

ERLYTT

En 1947, René Litt suit le cours de dessin de la Ville de Paris tout en menant un apprentissage dans l'atelier de son oncle Arthur Litt. En 1952, il est stagiaire dans l'atelier Pollet spécialisé dans le dessin pour papier peint. Il crée son propre studio de dessins à Paris 8 rue Pierre Picard en 1954, 13 boulevard de Strasbourg en 1959. De 1963 à 1993, Erlytt exerce son activité 12 rue de la République à Montmorency, vendant ses dessins pour papier peint dans toute l'Europe et même au-delà.

Georges d'ESPAGNAT

Il étudie brièvement à l'École des arts décoratifs de Paris puis fréquente les académies libres de Montparnasse. Sa collaboration avec Maurice Denis est à l'origine d'un renouveau de l'art sacré en France. Il est un des fondateurs du Salon d'automne en 1903. En 1934, il est nommé professeur chef d'atelier à l'École des beaux-arts de Paris. Il dessine des papiers peints pour la collection éditée par André Groult dans les années 1920.

ÉTAMINE

En 1975, Françoise Dorget, Marylin Gaucher, Françoise Royneau créent une société de décoration pour laquelle elles importent des étoffes. En 1980, elles lancent leurs propres collections, créées par Françoise Dorget, dans la boutique du 49 quai des Grands Augustins. En 1985, elles y adjoignent des papiers peints. Fortes de deux mille cinq cents points de vente en 1986, elles coordonnent tissus, papiers peints et peintures. Étamine ferme en 1998.

1. Georges d'Espagnat ?, André Groult éditeur, Société anonyme des Anciens Établissements Desfossé & Karth fabricant, 1920-1921.
2. Etamine fabricant, collection *Coromandel* d'après des documents japonais du musée des Arts décoratifs, vers 1985.
3. Erlytt dessinateur, Leroy fabricant, 1954-1959.
4. Erlytt dessinateur, Leroy fabricant, 1954-1959.
5. Erlytt dessinateur, Leroy fabricant, 1954-1959.
6. Erlytt dessinateur, Desfossé & Karth fabricant, 1954-1959.

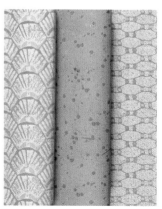

1   2

3

4

5

6

FARDIS

Atelier situé 5 rue des Grands Champs à Poissy (78) et magasin près de l'Odéon, à Paris.
Cette société est fondée vers 1970 par monsieur Dabzac qui, voyageant fréquemment en Chine, introduit les papiers japonais et coréens en France.
Vers 1980, il fait appel à François Bellanguez pour développer une structure de production de papiers peints, imprimés à la main chez UGEPA, conçus avec leurs coordonnés textiles. La maison, reprise par l'anglais Osborne & Little, ferme en 1996.

FARINE

Cette entreprise existe sous la raison sociale Farine et Dutertre, au 5 rue Neuve-Belle Chasse de 1828 à 1830, puis au 27 de la même rue en 1831 et 1832. Elle devient Farine Jeune en 1833, s'installe 10 rue Popincourt en 1834, adresse où elle exerce son activité jusqu'à sa reprise par Brière en 1841. Elle s'affiche comme « fabrique de papiers dorés, argentés, veloutés, devants de cheminée, lithographiés ».

Jean-Baptiste FAY

Actif à Paris vers 1785, Jean-Baptiste Fay est l'auteur de douze cahiers contenant soixante-douze pièces d'ornements gravés à l'eau-forte qui connaissent un énorme succès en leur temps et sont diffusés à travers toute l'Europe. Durant ces mêmes années, J.-B. Fay fournit des projets de papiers peints en arabesque au manufacturier Jean-Baptiste Réveillon, et peut-être à Arthur et Robert et d'autres imprimeurs de papier peint.

1. Fardis fabricant, collection *Batavia*, 1975.
2. *Retour du marché*, Farine fabricant ?, vers 1840.
3. Jean-Baptiste Fay dessinateur, Jean-Baptiste Réveillon fabricant, 1785-1788.
4. *Guillaume Tell délivre la Suisse*, Farine fabricant ?, vers 1840.
5. Sélection d'Yves Taralon, Fardis fabricant, collection *Grande tradition*, 1983.
6. Sélection d'Yves Taralon, Fardis fabricant, collection *Grande tradition*, 1983.
7. Fardis fabricant, collection Batavia, 1975.

1

2

3

4

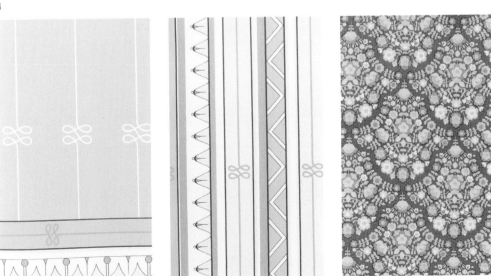

5

6

7

Jean-Antoine Roman FERROUILLAT

Il s'est formé à l'École de dessin de Lyon. Vers 1780, il crée un atelier de papiers peints au sein de l'entreprise familiale de fabrication d'étoffes de soie.

En 1785, Roman Ferrouillat, Jean-Pierre Faivre, Jérôme Deyrieu et Joseph Dufour louent, sous la dénomination de Sieurs Ferrouillat & Cᵉ, un étage et des greniers dans l'hôpital de la Charité de Lyon.

Ferrouillat s'étant engagé dans la Révolution, l'association est dissoute en 1792 mais la manufacture continue de fonctionner jusqu'à la fin du bail. En 1794, le nouveau bail est signé par Deyrieux Frères, Faivre & Dufour.

Georges de FEURE
(pseudonyme de Van Sluijiters)

Ce belgo-hollandais, élève de Jules Chéret à Paris en 1890, fut peintre à l'huile et à la gouache, aquarelliste, graveur, lithographe, peintre de cartons de tapisserie et de vitraux, sculpteur, dessinateur, illustrateur, décorateur enfin. Il a joué un rôle important dans la constitution de l'art décoratif « nouveau ». C'est l'auteur de la décoration intérieure du pavillon de l'Art nouveau à l'Exposition universelle de Paris en 1900. Peintre de porcelaines, dessinateur de papiers peints et de tapisseries, créateur d'objets utilitaires de décoration, il est professeur à l'École des beaux-arts de Paris. En 1903, la Galerie Bing, à Paris, présente un ensemble de ses œuvres.

Ferrouillat fabricant ?, fin XVIIIᵉ siècle.

FOLLOT

Follot (Philippe) et Paupette, « Fabrique de papiers peints, spécialité de veloutés soie et unis, et de fonds unis, mats et satins, tentures pour panneaux de toutes dimensions, exportation, s.g.d.g. », 246 faubourg Saint-Antoine et 9 passage du Génie en 1861, 149 rue de Charenton de 1863 à 1868.

« Follot (Philippe) et Paupette, à Paris, rue de Charenton, 157 et 159 [exposent des] papiers peints ; panneaux de drap plein, de velouté de soie et de reps pour tentures de toutes dimensions » en 1867[1], année au cours de laquelle Félix Follot prend la direction de l'entreprise qui devient Follot F. En 1869, celle-ci est installée 10 rue Beccaria (boulevard Mazas), puis en 1873 au 12 rue Beccaria avec une annexe 128 rue de Charenton, enfin 8 et 10 rue Beccaria l'année suivante.

Il s'annonce alors fabricants de « papiers peints unis, mats, glacés, Breveté s.g.d.g. [et] manufacture spéciale de fonds unis, de veloutés soie et reps, par panneaux de toutes dimensions ». À l'Exposition de Vienne en 1873, sa présentation de « papiers peints, panneaux d'étoffes diverses pour tentures » est honorée d'une médaille de mérite tandis qu'à Paris, en 1878, il se voit attribuer une médaille d'or pour ses « unis mats, glacés et veloutés ; velours cheviotte unis et gaufrés. »

De 1869 à 1886, la maison principale est 8 et 10 rue Beccaria avec une annexe (usine à vapeur) 128 rue de Charenton et une autre au 112 de la même rue. Des agences sont ouvertes à Londres et à Vienne. Ses reps et velours cheviotte sont brevetés en France, en Angleterre et en Allemagne.

De 1887 à 1898, Follot F., qui se dit inventeur de la cheviotte unie et gaufrée et de la cheviotine, est 43 boulevard Diderot, la fabrique et l'usine à vapeur, 8 et 10 rue Beccaria – 1 et 3 rue de Citeaux. Follot est hors concours en 1889 car rapporteur du jury. En 1895, Félix s'associe à son fils Charles et la manufacture figure sous la raison sociale Follot (F.) et Fils à partir de 1897.

Follot fabricant, 1900.

FOLLOT (F.) & Fils

« Manufacture spéciale de papiers peints unis, veloutés, mats, glacés, en rouleaux de toutes largeurs et par panneaux de toutes dimensions. Assortis aux étoffes ou en feuilles, pour industries diverses ; veloutés soie, velouté gaufré ; inventeur de la cheviotte unie et gaufrée. 43 boulevard Diderot, fabrique et usine à vapeur, 8 et 10 rue Beccaria – 1 et 3 rue de Cîteaux. »[1]

Le compte rendu de l'Exposition de 1900 dresse un portrait de l'activité de l'entreprise : « MM. Follot et fils, à Paris – Dans une grande vitrine avaient été placés avec soin des papiers veloutés et des cheviottes unies et gaufrées. Nous y avons encore vu plusieurs dessins sous le nom de papier incrusté. C'est là, dans notre industrie, une appellation correspondant à un genre nouveau pour la maison Follot qui est universellement connue.

Au-dessus de la vitrine, nous avons remarqué trois petits panneaux ordinaires : un velouté bleu, un autre en velours vieil or avec une petite frise Louis XVI ; le troisième étant une imitation de velours à rayures vertes avec un champ plus foncé. A droite de la vitrine, se trouvait un panneau de velouté feutre repsé avec un petit montant frappé par moitié au bord des lés. Bien qu'exécutée en art nouveau, la gracieuse frise du haut se rapprochait, par sa forme, du style gothique. [...] À gauche de la vitrine était collé un velours frappé, en tons vieux rose qui était la copie fidèle d'une étoffe[2]. »

À la mort de Félix Follot, en 1904, son fils Charles prend la direction de l'usine. L'installation d'un matériel très perfectionné lui permet, un des tous premiers, de donner une note originale aux papiers de sa fabrication.

En 1925, « Follot Ch. Papiers peints imprimés mécaniquement. Collaborateurs : Henri Follot, Pierre Candeliez, Bénédictus, M. Lagé, E. Lassé » est placé dans les stands du milieu, à l'intérieur du Grand Palais, et il est précisé « Charles Follot exposait des œuvres exécutées d'après P. Candeliez & Bénédictus ; Henri Follot un charmant petit salon ».

En 1929, Charles Follot constitue avec son fils Henri et ses gendres Pierre Candeliez et Armand Gritton la société Ch. Follot. Ainsi, « Ch. Follot (S.A.R.L.) Fabricant, 43 boulevard Diderot, Paris (papiers peints) » figure dans la liste des exposants de 1937. Après-guerre, l'usine reprend son activité avec la même équipe directoriale puis les fils d'Armand Gritton, Denis et Arnaud, assurent son fonctionnement. Après une décennie difficile, elle ferme en 1987.

1

1. Follot fabricant, vers 1920.
2. Follot fabricant, vers 1948.
3. Follot fabricant ?, vers 1950.
4. Follot fabricant, vers 1960.
5. Follot fabricant, vers 1960.

2

3

4

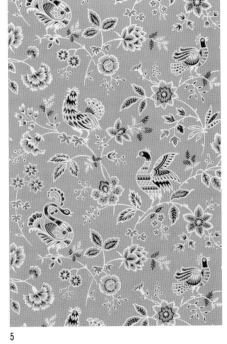

5

Jean-Michel FOLON

Pierre François Léonard
FONTAINE

Suzanne FONTAN

Graphiste et illustrateur belge, il interrompt ses études d'architecture pour se consacrer au dessin. Sa première affiche est éditée en 1960. À partir de 1970, ses nombreuses activités le conduisent à réaliser des dessins de presse, des livres, des affiches, des murs peints, des décors pour le théâtre, des génériques pour la télévision. En 1974, à la demande de la manufacture Zuber, il crée les papiers peints *Foultitude* et le décor *La ville*.

1. *La ville*, Jean-Michel Folon dessinateur, Zuber fabricant, 1974.
2. Percier et Fontaine dessinateurs, vers 1810.
3. *Zimmia*, Suzanne Fontan dessinatrice, Nobilis fabricant, 1936.
4. *Foultitude*, Jean-Michel Folon dessinateur, Zuber fabricant, 1974.
5. Percier et Fontaine dessinateurs, vers 1810.
6. Percier et Fontaine dessinateurs, vers 1810.
7 *Belle de jour*, Suzanne Fontan dessinatrice, Nobilis fabricant, 1945.
8 Suzanne Fontan dessinatrice, Nobilis fabricant, 1939.
9 *Les monuments de Paris*, Suzanne Fontan dessinatrice, Nobilis fabricant, 1945.

Peintre d'histoire, sujets mythologiques et architectures, peintre à la gouache, aquarelliste, dessinateur, Fontaine expose au Salon de 1791 à 1810. Élève de Percier, il devient son collaborateur. Après son retour d'Italie, en 1791, des fabricants de papiers peints lui demandent quelques dessins. Le 1er brumaire an XIII (1805), il est témoin au mariage de René Jacquemart car ami de la famille de la future. La manufacture Jacquemart et Bénard ou Jacquemart imprime autour de 1810 *Les Saisons* et *Les Arts* dessinés par Percier et Fontaine. Dans le *Recueil de décorations intérieures* publié en 1812 par les deux architectes, on trouve la « vue perspective d'une chambre à coucher exécutée à Paris pour le citoyen V… » aux panneaux muraux identiques à certains papiers peints de la manufacture de la Folie Titon.

Après un apprentissage chez Jacques Camus, elle travaille pour les ateliers de création des Grands magasins : Primavera, La Maîtrise et Pomone. Ainsi, la Société française des papiers peints édite de ses modèles pendant l'entre-deux-guerres. En 1939, elle s'établit à son compte et, dès 1942, propose des dessins de papiers peints à Adolphe Halard, directeur de Nobilis. En 1944, leur collaboration s'intensifie et s'avère vite être un succès. En 1951, à sa suggestion semble-t-il, apparaissent les premiers tissus assortis aux papiers peints chez Nobilis. En 1952, est créé Suzanne Fontan S.A. au sein de la société Nobilis. Suzanne Fontan nous révèle son credo lorsqu'elle dit : « Je pense que c'est à nous, artistes, d'enfanter [la mode] avec l'aide de la nature et des hasards de l'actualité. » Elle quitte Nobilis à la fin des années 70.

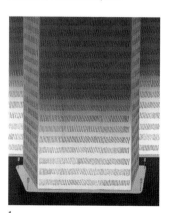

1

2

3

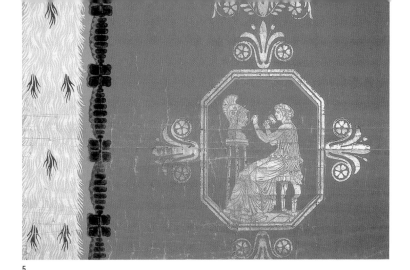

5

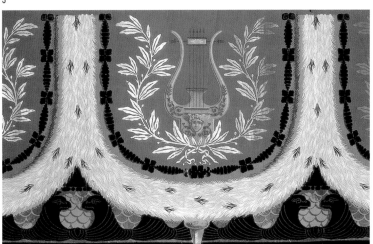

6

7

8

9

FOUCRAY

En 1951, Max Foucray ouvre une petite boutique de papiers peints à Hénin-Liétard, dans le Pas-de-Calais.

L'année suivante, en 1952, il acquiert le stock de trois entrepôts de papiers peints de la société Turquetil et rencontre un gros succès en vendant ces papiers peints en gros, à un prix très bas. Avec le bénéfice ainsi dégagé, il construit des magasins, d'abord huit dans le Nord puis dans la France entière, sur le chemin du Midi où il a décidé d'aller s'installer. En 1962, Max Foucray a mis en place l'administration et le service de livraison, défini le contrôle et l'intéressement des magasins. En 1967, il embauche la première personne ayant fonction de cadre dans l'entreprise, déménage aux Baux-de-Provence où se situe désormais le siège de son activité principale. Max Foucray s'implante en 1968 à Athis-Mons, en région parisienne où il ouvre plusieurs autres magasins au cours de l'année 1969. Durant cette même année 1969, Foucray crée des zones divisées en secteurs, nomme des chefs de zones responsables de la gestion, de l'administration et de l'expansion. Il organise un centre administratif d'études et de plans aux Baux-de-Provence. Max Foucray est un succursaliste, il importe des papiers peints et en fait fabriquer dans différentes usines à partir de dessins achetés par lui-même. Gruin est la première entreprise à travailler pour lui, d'autres suivent en France et à l'étranger. Il est propriétaire d'une usine, Proust, en fait construire d'autres, en particulier au Canada. Il s'associe momentanément avec Yves Motel, de la société Gaillard Motel.

Entreprise individuelle, Foucray est transformée en société en 1973. Son centre administratif et de décision est transféré à Saint-Rémy-de-Provence en 1975. La Société Foucray France Holding, créée en 1976, rachète une large majorité des actions dans toutes les sociétés régionales. En 1977-1978, Foucray produit dix millions de rouleaux de papiers peints dont 60 % sont ses propres créations. Ce volume de rouleaux représente alors un cinquième du marché français. La Société Foucray France Holding dépose son bilan en 1987.

1

2

1. Foucray fabricant, William Carson design, dessinateur, 1973-1987.
2. Foucray fabricant, Arca dessinateur, 1973-1987.
3. Foucray fabricant, Rouzaud dessinateur, 1973-1987.
4. Foucray fabricant, Kvasnevki dessinateur, 1973-1987.
5. Foucray fabricant, Peter Sunderland - Norman Wild dessinateurs, 1973-1987.
6. Foucray fabricant, R. Poulet dessinateur, 1973-1987.
7. Foucray fabricant, Gabriel Brissot dessinateur, 1973-1987.
8. Foucray fabricant, Germond et Guillard dessinateurs, 1973-1987.

3

4

5

6

7

8

FOUCROY

Alexandre Evariste FRAGONARD

FREY

De Fourcroy ou Forcroy est un cartier dominotier établi rue Jacob Saint-Germain à Paris.

Sa marque est ainsi libellée : « FOVCROY. MARCHAND. CARTIER-PAPETIER. RVE JACOB-ST GERMAIN. PARIS »

Il a pour maîtres son père Jean-Honoré Fragonard et Jacques-Louis David. Il expose au Salon de Paris, de 1799 à 1842, des sujets mythologiques puis napoléoniens, religieux et monarchiques. Illustrateur, quantité de ses dessins sont publiés pendant la période révolutionnaire. Pourvoyeur de sujets d'estampes, il s'adonne à la lithographie sous la Restauration. Il conçoit, sous forme de figures allégoriques, les papiers peints *Les mois* (1808) pour Joseph Dufour, et *Les saisons* pour Zuber.

La société Pierre Frey, 47 rue des Petits-Champs à Paris, édite treize papiers peints en quatre variantes en 1975. Malgré des différences d'échelle et de dessin, ces papiers s'allient aux tissus imprimés par les coloris et les impressions. Fort de ce premier succès, une nouvelle collection de vingt-six dessins est lancée en collaboration avec Zuber en 1978. Créés à partir de 1993, les papiers peints présentés dans le catalogue 2006 ont d'abord été destinés au marché américain.

1. Foucroy fabricant, vers 1700.
2. *Avril*, Alexandre Evariste Fragonard dessinateur, Joseph Dufour fabricant, 1808.
3. *Les paniers fleuris*, Pierre Frey, 1989.
4. *Barnabé*, Pierre Frey fabricant, 1975.
5. *Clémentine*, Pierre Frey fabricant.
6. *Papillons*, Pierre Frey, 1992.
7. *Bordure Tyrol*, Pierre Frey, 1989.

1

2

3

4   5   6

7

Joseph FUCHS

Il débute dans la maison alsacienne d'impression sur étoffes Liebach-Hartmann puis travaille pour son compte à Paris ce qui l'amène à collaborer avec Jules Desfossé. Associé de Georges Zipelius entre 1850 et 1860, il participe, comme spécialiste de la fleur, à la création du papier peint panoramique *Eldorado* (1848), présenté par Zuber lors de l'Exposition des produits de l'industrie française de 1849. Fuchs illustre l'excellence de l'Ecole de dessins de Mulhouse au XIXe siècle.

René FUMERON

René Fumeron étudie à l'École des arts appliqués puis à l'École des beaux-arts de Paris. Il se consacre d'abord à la décoration murale, aux papiers peints, tissus et affiches. À partir de 1949, il crée de nombreux cartons de tapisserie. Il collabore avec les fabricants de papier peint comme Follot pour lequel il conçoit également des encarts publicitaires, Paul Dumas, les usines Leroy, la ESSEF… et l'éditeur Nobilis en 1947 et dans les années 60.

1. *Le Brésil*, Joseph Fuchs dessinateur, Jules Desfossé fabricant, 1862.
2. René Fumeron dessinateur, Société française des papiers peints fabricant, vers 1960.
3. René Fumeron dessinateur, Dumas fabricant, 1955.
4. René Fumeron dessinateur, Société française des papiers peints fabricant, vers 1949.

2

110

1

3

GABRIEL

GAGO

GAILLARD-MOTEL

GAILLARD

GARAT

GARCELON

GARNIER

GAUTHIER

GENOUX

GERMAIN

GILLOU

GIROUD DE VILLETTE

GRANTIL

GRANTIL & DIDION

GROULT

GRUIN

GUÉRITTE

GUICHARD

René GABRIEL

Il expose aux Salons d'automne et des artistes décorateurs de 1919 à 1937, enseigne à l'École des arts appliqués et devient chef d'atelier à l'École nationale supérieure des arts décoratifs en 1946. Il est président de la Société des artistes décorateurs en 1947. Créateur de mobilier, porcelaines, tapis et tapisseries, il ouvre en 1920, rue de Solférino, la boutique *Au Sansonnet* où il vend, jusqu'en 1928, ses propres papiers peints imprimés à la planche à l'aide d'une presse de sa fabrication. Contraint à la fermeture, il rejoint A. Halard qui vient de créer Nobilis et dessine pour lui des papiers peints jusqu'à sa mort. « René Gabriel, dans ses motifs simples, conçus pour la décoration plane, demeure dans la tradition du papier qui ne compte pas lui-même mais accompagne discrètement les meubles, les tableaux pendus au mur. »[1]

GAGO

Alphonse Gago, « ancienne maison Réveillon, fabrique et magasin de papiers peints, vente spéciale pour l'Angleterre », est installé, en tant que locataire, 1 rue de la Paix et 2 rue Neuve des Capucines de 1847 à 1856. En 1853, il apparaît également comme entreprise de peintures. « Spécialités pour les imitations de perses, tentures de style » sont vantées en 1855. De 1834 à 1838, on trouve les marchands Paul Gago et Ferdinand Barbedienne[1] dans une société dédiée à la vente de papiers peints.

1. *L'Île de France*, René Gabriel dessinateur et fabricant, 1912-1920.
2. Gago fabricant ?, vers 1840.
3. Gaillard Motel fabricant, 1970-1971.
4. *Rosée d'or*, René Gabriel dessinateur et fabricant, 1912-1920.
5. *Les perruches*, René Gabriel dessinateur et fabricant, 1912-1920.
6. Gago fabricant ?, milieu XIXᵉ siècle.
7. *Avril*, René Gabriel dessinateur, Nobilis fabricant, 1936.
8. Gaillard Motel fabricant, collection *Festival*, vers 1965.
9. Gaillard Motel fabricant, collection *Festival*, vers 1965.

GAILLARD-MOTEL

« Les établissements Gaillard Motel (S.A.), fabricants, 73 avenue Gambetta, Paris » sont listés à l'Exposition internationale de 1937 dans la classe 43 – papiers peints et revêtements assimilés. En 1957, Gaillard Motel propose trois marques : Durex – papier gaufré à relief permanent, Lavarex – papier lavable et lessivable, spécial Latex, Impressions du Landy – papier Toile de Jouy, fabriquées dans l'usine de Saint-Maur des Fossés. En 1963, l'usine est toujours située 5 boulevard de Créteil à Saint-Maur, comme au temps de Gaillard, mais le service commercial et le dépôt se trouvent 29 rue Érard. Gaillard-Motel édite le papier *Octogone* de Henri Béchard, entièrement géométrique et coordonné à la moquette en 1969, lors de l'exposition organisée par les Papiers peints de France, la collection *Gimtop* en 1973. Il ferme définitivement en 1979.

114

1

2

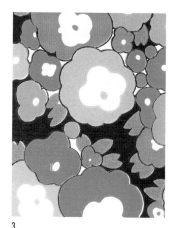

3

4

5

6

7

8

9

GAILLARD

La maison, créée en 1912, est achetée par Gaillard en 1919 à Benvignat & Beaurepaire puis transférée 73 avenue de Gambetta, à Paris. Elle figure à l'Exposition des arts décoratifs en 1925. La Société anonyme des anciens établissements M. Gaillard[1] est constituée en 1927. Les établissements M. Gaillard (papiers peints, tissus imprimés et ses ensembles décoratifs) usines à Saint-Maur des Fossés 5 boulevard de Créteil, actifs en 1934, deviennent Gaillard Motel en 1937.

GARAT

Étienne Garat est l'agent parisien de la manufacture Zuber et Cie, fabricants de papiers peints à Rixheim dans le Haut-Rhin, de 1842 à 1852. En 1842, notre homme est installé 18 rue de Reuilly puis, les années suivantes, 17 rue de Reuilly à Paris. Étienne Garat est associé à Étienne Délicourt et Campnas sous la raison sociale Délicourt, Campnas & Garat en 1856 puis Délicourt, Campnas, Garat & Cie en 1859.

1. Gaillard fabricant, vers 1925.
2. Garat marchand, Zuber fabricant, 1844.
3. *Mœllons gris*, Adrien Garcelon dessinateur, Inaltéra fabricant, 1958.
4. Gaillard fabricant ?, vers 1925.
5. Velours *Le rayonnant*, Adrien Garcelon dessinateur, Société anonyme des Anciens Etablissements Desfossé & Karth fabricant, 1929.
6. Gaillard fabricant, vers 1925.
7. Gaillard fabricant ?, 1920.

Adrien Jacques GARCELON

Élève de l'École des beaux-arts, il participe aux Salon des artistes français à partir de 1934.
De 1926 à 1929, les Anciens établissements Desfossé et Karth imprime ses papiers peints. Directeur artistique de Leroy, il expose des papiers peints édités par cette société au Salon des artistes décorateurs de 1932, 1934 et 1935. Il est un des lauréats du concours organisé par Inaltera pour l'Exposition universelle de Bruxelles en 1959.

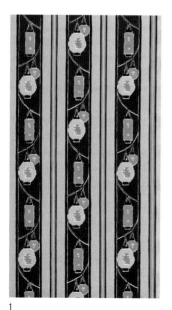

1

2

3

4

5

6

7

GARNIER

Jacques-Pierre (1782-1834), né à Versailles, fut commis chez le marchand d'estampes parisien Basset pendant cinq ans. Le 20 août 1805, il épouse la fille de Marin Allabre et par un contrat de société signé le jour même, reprend la fabrique chartraine sous la raison sociale Garnier et compagnie, puis Garnier-Allabre.

En 1810, Garnier devient propriétaire du fonds du marchand mercier dominotier Barc dans lequel subsistaient des planches ayant appartenu à son voisin Hoyau.

En 1825, la fabrique périclite faute de graveurs et dessinateurs de qualité. Garnier recherche et embauche alors de nouveaux graveurs. Malgré ses efforts pour rénover la fabrication, celle-ci n'arrive pas à rétablir sa prospérité passée. Aussi, en 1828, Garnier-Allabre est-il obligé de vendre ses bois.

De son installation en 1805 jusqu'en 1815, Garnier-Allabre demeure 389 place des Halles, à Chartres. En 1815, la numérotation changeant, l'adresse devient 17 place des Halles. Puis, en 1823 à 1828, après l'achat de la maison voisine, l'adresse portée sur les images est n° 17-18 place des Halles.

Le domino conservé au département des papiers peints du musée des Arts décoratifs est marqué : « A CHARTRES CHEZ GARNI ».

GAUTHIER

« Manufacture de papiers peints. Carnets envoyés franco sur demande en province, articles à la machine. Tentures depuis 17 cent, bordure depuis 45 cent. Articles à la planche. Bordures depuis 1 franc 10 planche et machine. Lambris et rosaces. »

Léon Gauthier, ancien chef de fabrication chez Ebeling[1] dont il reprend dessins, gravure et matériel, crée une fabrique 5 rue Rondelet en 1878. En 1881, son frère Jean, ancien chef du service des expéditions chez le même Ebeling le rejoint, reste seul propriétaire de la fabrique, 3 bis boulevard Diderot, en 1890, et cède l'usine à son fils Jacques en 1922.

Gauthier Jacques, fabrique de papiers peints, présente des papiers peints dessinés par Lassé et Deubel, à l'Exposition de 1925, dans le hall du Grand palais, à Paris. Par la suite, l'entreprise se consacrera exclusivement à la peinture[2].

Garnier fabricant, milieu XVIIIe siècle.

GENOUX

Fr. Genoux, d'abord associé à Bader, 8 rue des Vignes-Saint-Marcel, prend la suite de Collet, en 1846. En fait, l'entreprise existe depuis 1797, année de sa création par Morisot père alors installé 1 et 3 Petite-rue-de-Reuilly. En 1801, son fils Jean-Baptiste, Morisot jeune, occupe le 18 Grande rue de Reuilly ; il s'installe au 37 en 1805 puis acquiert en 1818 « une grande maison située à Paris rue du faubourg-Saint-Antoine 258 » (l'actuel 236). Il s'associe à son gendre Charles Pierron en 1832 et ce dernier cède la fabrique à Collet en 1839.

La manufacture de la rue des Vignes-Saint-Marcel appartenait à Damery jusqu'à son association avec Genoux en 1834. Damery est mentionné dès 1811 rue Mouffetard puis rue de l'Arbalète, la rue des Vignes n'apparaissant qu'en 1824. La raison sociale devient Genoux et Bader en 1841. La production consiste

alors en « devants de cheminée, dessins et bordures veloutés, dorés et coloriés ». En 1844, lors de l'Exposition des produits de l'industrie française, « M. Genoux ne fabrique que des papiers de tenture à dessins d'étoffes. Une préparation qu'il leur applique les rend susceptibles d'être lavés avec l'eau, en même temps qu'elle contribue à la conservation des couleurs. » La maison Genoux qui « existe depuis cinquante ans dans le faubourg Saint-Marceau et compte soixante ouvriers » y est dotée d'une médaille de bronze rappelée à l'Exposition de 1849 pour « un panneau fond bleu, parsemé de roses et de dalhias ».

Lors de l'Exposition universelle de 1851, Genoux présente « quelques bons dessins à plusieurs laines » qui lui valent une mention honorable. À celle de 1855, il s'attire ce commentaire : « Les produits de la maison Genoux se distinguent d'une

manière toute particulière par une élégance de premier ordre, un goût parfait et une exécution irréprochable. Une tenture dans le style du règne de Louis XVI, relevée d'or, résume à elle seule toutes les qualités qui caractérisent l'excellence de sa fabrication, et qui se retrouvent également dans ses papiers de fantaisie, veloutés, damassés et autres. M. Genoux présente en outre un produit de création nouvelle, les papiers peints brochés et rehaussés de groupes de fleurs en soie. Cette innovation, obtenue à l'aide de procédés particuliers, suffirait à elle seule pour motiver la distinction que le Jury international accorde à ce fabricant en lui décernant une médaille de 1re classe. » En 1862 enfin, Genoux et Comp. expose deux décors et « plusieurs dessins mis en panneaux. Le tout d'une parfaite exécution ». Les frères Balin achètent la manufacture en 1863.

1. Victor Poterlet dessinateur, 1860-1870.
2. Balin fabricant, vers 1860.
3 Genoux fabricant, Grandy dessinateur, 1835-1840.

1

2

GERMAIN

Pierre (1846-1888), diplômé des Beaux-Arts comme le seront tous les Germain jusqu'à ce jour, voyageur chez Grantil, et Amélie, sa femme, ouvrent un magasin de papiers peints 89 Grande rue de la Guillotière à Lyon en 1882.

Leur fils Auguste (1870-1951) prend la suite de sa mère, rachète des fonds lyonnais tels ceux de Colin, Jacquemoz, Mulet, récupère des décors de Desfossé et Karth. Vers 1924, la boutique étant devenue trop étroite, la maison Germain s'installe 86-88 Grande rue de la Guillotière. Les enfants d'Auguste, Marie-Louise (1905-1984) et Jean (1908-2000), rejoignent le magasin familial. C'est certainement la période la plus prospère

de l'entreprise de décoration et de vente de papiers peints. Outre les papiers peints de provenance multiple, ils éditent leurs propres collections, achètent le stock de la maison parisienne Maigret en 1954.

Henry Germain rallie l'affaire en 1970 mais, lors du départ à la retraite de Jean, il ferme la Guillotière car, après avoir ouvert, rue Neuve, en association avec les Vital-Durand une boutique plus contemporaine avant tout consacrée au tissu, il s'est installé 11 rue Auguste Comte, dans la presqu'île lyonnaise. Continuant la vente des papiers peints, œuvrant surtout dans le commerce textile, il voit la relève assurée en 2000 avec l'arrivée de son fils Auguste.

1. Versailles, Germain fabricant, vers 1930.
2. Germain marchand, Sanderson dessinateur, 1910-1911.
3. Germain marchand, Peters Lacroix fabricant ?, début du XXe siècle.
4. Germain marchand, vers 1900.
5. Germain marchand, Pickardt et Siebert fabricant, vers 1900.
6. Germain marchand, Sanderson fabricant, vers 1938.
7. Germain marchand, vers 1900.
8. Germain marchand, Alan Cocksuth fabricant, 1900.
9. Germain marchand, vers 1900.

1

2

3

4

5

6

7

8

9

GILLOU

Guillaume-Nicolas-André
GIROUD DE VILLETTE

Actif depuis 1814, Gillou est installé passage Charles Dallery en 1879, et au 7 de ce même passage en 1886. En 1869, ces « Fabricants de papiers peints en tous genres, dorés, veloutés, estampés et ordinaires. Impression à la planche et à la machine, repoussés au cylindre. Articles spéciaux pour l'exportation » ouvrent une maison à Londres et à New York. En 1867, ils « fabriquent à la planche et à la machine, mais ils ont fait de ce dernier genre de fabrication une spécialité. Leur maison est celle qui, la première, en France, a installé à Paris les machines à vapeur pour le papier peint, système anglais, et imprimant jusqu'à 22 couleurs à la fois. Son matériel est considérable et est mis en mouvement par deux machines à vapeur ayant ensemble une force de 30 chevaux. Le nombre de ses tables à imprimer est de 80, et l'établissement peut produire jusqu'à 15 000 rouleaux. »[1] À Vienne en 1873, Gillou fils et Thorailler présentent des papiers peints à la main et à la mécanique, tout comme à Paris, en 1878, où ils reçoivent une médaille d'or. En 1889, ils exposent « des papiers peints en tous genres, à la planche et à la machine, des imitations de bois et marbres, des papiers hygiéniques pouvant se laver sans altération. »[2] En 1882[3], « cette puissante manufacture, où l'on produit les papiers peints de tous les genres, est organisée d'une manière toute scientifique, dans les proportions qui conviennent à la véritable grande industrie. » En 1900, « La maison dont [Emile Gillou[4]] partage la direction avec son père est une des plus anciennes maisons françaises et compte pour un quart dans la production totale des fabriques de papier peint. Elle occupe 500 ouvriers, utilise 60 chevaux-vapeur et produit une moyenne de 40 000 rouleaux de papiers peints par jour. [...] les machines à vapeur, inaugurées en 1839 par MM Gillou, et perfectionnées depuis, peuvent imprimer 24 couleurs à la fois. [...] M. Albert Gillou s'occupe spécialement de la direction artistique, c'est-à-dire du choix des dessins et de leur coloration. »[5] La fabrique est reprise par Leroy en 1907.

Directeur-adjoint chez Réveillon où il assure la fonction de physicien-chimiste[1] pendant cinq ans, il achète un terrain rue Lenoir et y fait édifier une manufacture entre 1783 et 1785. Il fournit le marché parisien dès l'hiver 1785-1786. Cependant les dettes accumulées sont telles qu'il va tenter fortune à Madrid[2]. De retour à Paris, il fait venir son frère Jean-Baptiste, alors à la tête d'une manufacture de papiers peints à Laigle, mais meurt subitement en 1787.

1. *Décor Piette*, Gillou fabricant, vers 1873.
2. Gillou fabricant, vers 1860.
3. Gillou fabricant, 1867.
4. Giroud de Villette fabricant, vers 1785.
5. Gillou fabricant, vers 1860.

1

2

3

4

5

GRANTIL

Victor Grandthille ayant répondu favorablement à la proposition de la municipalité de Châlons-sur-Marne, y édifie une nouvelle usine. Le matériel expédié, la famille Grandthille et soixante ménages d'ouvriers quittent Montigny-lès-Metz. L'usine achevée le 1er janvier 1872, les affaires reprennent grâce à la constante perfection des papiers à la planche et à la fabrication des nouveaux papiers à la machine. En 1876, Grandthille s'associe avec ses deux fils sous la raison sociale Grantil père et ses fils. À l'Exposition universelle de Paris en 1878, ils vantent leur « spécialité de coloris et fantaisie à la planche et à la mécanique » et obtiennent une médaille d'argent. En 1885. Didion est représentant à Paris de Grantil jeune et Cie. En 1889, Grantil jeune et Cie remporte une médaille d'or. En 1900, « Son exposition se composait de sept panneaux dans un grand encadrement de plantes marines traitées en art nouveau. Au centre, se détachait le sujet principal *Les Ondines*, dû à la composition de M. Turner. [...] D'une belle conception, ce panneau n'en était pas moins remarquable par son ampleur ; il mesurait 3,50 m

de haut sur 2 m de large et était composé de vingt-cinq morceaux collés. De chaque côté se trouvaient deux petits panneaux d'un même dessin de pissenlit sur fond bleu. Plus à droite, l'on voyait une imitation de cuir repoussé. [...] à l'extrême gauche, un papier peint moderne terminait l'Exposition de la maison Grantil (J.) à Châlons-sur-Marne papiers peints pour tenture – Maison à Paris, 96 boulevard Beaumarchais. »[1] En 1925, « la manufacture de papiers peints J. Grantil présentait des grands panneaux de décoration murale au milieu desquels se détachait une composition à grandes fleurs d'argent d'un très vif & très heureux sentiment décoratif. »[2] La manufacture de papiers peints J. Grantil[3] dépose la marque *Papolea* en 1928. M. Pierre Grantil apparaît sur la liste des exposants de 1937. En 1970, la société s'installe dans la zone industrielle de Châlons-sur-Marne, ses collections et dessins étant versés aux Archives départementales. En juillet 1999, l'entreprise est intégrée au groupe familial belge Balta, important fabricant européen de revêtement de sol. Elle compte 240 salariés en 2006.

GRANTIL & DIDION

La manufacture de papiers peints Levasseur existe à Metz (Moselle) depuis 1799. En 1820, Godard reprend l'entreprise puis la cède, en 1836, à ses deux parents, Grantil aîné et Page. En 1842, les deux associés transfèrent leur fabrique à Montigny-lès-Metz. En 1851, la maison échoit à Victor Grandthille jeune qui, dès 1852, prend comme associé Ch. Didion. La raison sociale devient alors Grantil jeune et Ch. Didion.

Lors de l'Exposition universelle de Paris en 1855, Grantil et Didion exposent des « papiers à coloris » jugés « ternes » par la critique. Pour celle de 1862, Grantil et Didion, de Metz, présentent « plusieurs dessins formant panneaux avec ornements, grands panneaux et différents dessins à fleurs ».

Après la défaite de 1870, Ch. Didion s'étant retiré, Victor Grandthille décide de s'installer en Champagne, à Châlons-sur-Marne.

1. Grantil fabricant, collection *La lumière et la gaîté dans la maison*, 1967.
2. Grantil et Didion, vers 1860.
3. Grantil fabricant, 1926-1927.
4. Grantil fabricant, 1937-1938.
5. Grantil fabricant, 1927-1928.
6. Grantil fabricant, 1929-1930.
7. Grantil fabricant, 1931-1932.
8. Grantil fabricant, collection *La lumière et la gaîté dans la maison*, 1967.
9. Grantil fabricant, 1927-1928.
10. Grantil fabricant, collection *La lumière et la gaîté dans la maison*, 1967.

126

1

2

3

4

5

6

7

8

9

10

André GROULT

Décorateur, créateur de mobilier et de motifs pour tissus ou pour papiers peints, André Groult travaille avec Louis Süe et André Mare de 1910 à 1920. Pendant ces années, son style est proche de celui de la fin du XVIIIe et des débuts XIXe siècle. Il s'en affranchit par la suite et se fait l'interprète de son temps, devenant un pionnier de l'art moderne, un art spontané et réfléchi.

André Groult expose régulièrement au Salon d'automne et au Salon des artistes décorateurs. À l'Exposition internationale de 1925, il montre une chambre de dame dans *Une ambassade française* pour laquelle il crée une commode anthropomorphe féminine, maintenant au musée des Arts décoratifs, qui est une de ses œuvres les plus connues. Il collabore également aux pavillons de Baccarat et de Christofle pour qui il réalise quelques pièces d'argent.

Vers 1912, l'intérêt d'André Groult se porte vers les papiers peints et la toile imprimée. Établi à son compte 129 rue de Saussure à Paris, il édite alors ses propres esquisses de papier peint ainsi que celles d'un certain nombre de créateurs renommés dans le domaine de la décoration ou des arts, ou faisant partie du cercle de ses amis et relations tels Charlotte Alix, Georges Barbier, Carlègle, André Saglio Dresa, Georges d'Espagnat, Gampert, Roland Goujon, Hermann Paul, Francis ou Jean-Emile Laboureur, Laurent de Laprade, Marie Laurencin, Miss Llyod, André Marre, Charles Martin, Charles Stern, Louis Süe, Louis Valtat, sans oublier les compositions dues aux mains anonymes de son atelier. André Groult fait imprimer à façon, à la planche de bois, ses papiers peints par la manufacture parisienne *Hans*. A partir de 1923, ses modèles de papier peint et d'étoffes coordonnées sont imprimés au cylindre par la société anonyme des *Anciens établissements Desfossé et Karth*.

Lors de l'Exposition *Toile imprimée et papier peint* qui a lieu au musée Galliera à Paris en 1928, il présente onze papiers peints et une collection d'échantillons de papier paille.

En général, ses créations murales traduisent sa sensibilité rationnelle aux lignes et à la forme, son attrait pour l'harmonie et les coloris, l'intérêt qu'il porte à l'éclairage des pièces.

1. Groult dessinateur et éditeur, Hans fabricant, 1915-1930.

2. *Perroquets*, Groult dessinateur et éditeur, Hans fabricant, 1915-1930.

3. *Bouquets et rubans*, Groult éditeur, Francis laboureur dessinateur, Hans fabricant, 1915-1930.

4. Groult dessinateur et éditeur, Hans fabricant, 1915-1930.

5. Groult dessinateur et éditeur, Hans fabricant, 1915-1930.

GRUIN

La maison Paul Gruin fut créée par Gabriel Thibault installé 4 rue du petit-Musc en 1839, 172 rue Saint-Antoine en 1853, 22 rue de Reuilly – ci-devant 172 rue Saint-Antoine – en 1854, 76 rue de Reuilly en 1867. Elle est alors « commissionnaire en papiers peints et blancs ; fabrique bois, marbres et agates, papiers peints dorés, veloutés et satinés » et pratique l'exportation.

À l'Exposition de 1878, sa présentation de « papiers peints fabriqués à la planche et à la mécanique ; dessins dorés, cuirs et chêne vernis » est honorée d'une médaille de bronze.

En 1880, G. Thibault associe son gendre à la firme dont la raison sociale devient G. Thibault et Cie, puis E. Thibault et P. Gruin lorsqu'Émile Thibault succède à son père en 1885. Elle se transforme en Vve E. Thibault et P. Gruin en 1892, Paul Gruin, gendre et succes-

seur de G. Thibault en 1900, Paul Gruin S.A. en 1928. L'usine est alors située 76 rue de Reuilly et équipée d'un matériel moderne, dotée d'un service artistique important et d'un atelier de gravures.

Paul Jean Gruin, manufacture 76 rue de Reuilly Paris, dépose la marque Anti-microbe PG papiers peints lavables en 1906[1]; Maurice Gruin, fabricant de papiers peints, dépose Sana[2] en 1913 et 1927[3], G.P.[4] en 1921, Vieilles laques[5] en 1927, renouvelle l'enregistrement de son entreprise située 4 place Daumesnil et 50 boulevard de Reuilly à Paris le 2 juillet 1925[6], dépose Fixaluminor, Fonsimplex, Pailletés et Vernis glacés[7] en 1928, Sana-lux[8] en 1929.

En 1925, « La maison Maurice Gruin présentait un stand de papiers d'un coloris agréable, mais dont le décor restait, malgré certaines tentatives, dans le sil-

lage du passé. »[9] Le siège social qui se trouve 50 boulevard de Reuilly depuis 1924, est surélevé de trois étages en 1929-1930 pour placer la fabrication des papiers Sana et Sana-lux[10] déposés en 1913 et 1929.

Dans ces années, Paul et Maurice Gruin font appel au talent des dessinateurs Louis Riguet qui signe *La rose moderne*, et Baeschin.

La Société anonyme Paul Gruin dépose le nom de société Pégé[11] en 1929 et les marques Pegeco et p.g. & co en 1930 et 1931[12].

Paul Gruin S.A., fabricant de papiers peints, participe à l'Exposition internationale des Arts et Techniques de 1937.

En 1979-1980, la maison Gruin édite la collection *Arbutus*, créée par Jean-Marie Wilmotte et Dutilleul à laquelle participe Ch. Ferré.

1

1. Gruin fabricant, collection *Self Raccord*, 1970.
2. Gruin fabricant, vers 1930.
3. *Le Hameau de Marie-Antoinette*, Gruin fabricant, vers 1930.
4. Gruin fabricant, vers 1930.
5. Gruin fabricant, vers 1930.
6. Gruin fabricant, vers 1930.
7. Gruin fabricant, vers 1930.
8. Gruin fabricant, collection *Self Raccord*, 1970.
9. Gruin fabricant, vers 1930.

2

3

4

5

6

7

8

9

GUÉRITTE Victor

Peintre de natures mortes, élève d'Amédée Couder, il débute au Salon en 1876. Dessinateur de fleurs, il œuvre pour la manufacture Zuber de 1861 à 1873. Il est l'auteur de la couronne florale accompagnant le buste de l'impératrice Eugénie édité par la fabrique alsacienne en 1863 et peut-être « des médaillons en grisaille avec encadrements à fleurs » remarqués par les ouvriers parisiens à l'Exposition londonienne de 1862 sur le stand Zuber.

GUICHARD

Il s'agit peut-être de Joseph (1806-1880), Lyonnais formé par Ingres entre 1827 et 1833, qui, ayant souvent exposé aux salons à partir de 1836, devient un familier de la princesse Mathilde. Il accueille dans son atelier des élèves comme Fantin-Latour, et décide de retourner à Lyon en 1862.
Notre artiste réalise des recueils de planches à l'usage des dessinateurs, fournit des modèles de papiers peints pour les manufactures Turquetil et Zuber (1840-1854).

1

1. Guichard dessinateur, Turquetil fabricant, vers 1880.
2. Marie-Amélie, Victor Guéritte dessinateur, Jules Desfossé fabricant, vers 1860.
3. Victor Guéritte dessinateur, Jules Desfossé fabricant, vers 1860.
4. Victor Guéritte dessinateur, Jules Desfossé fabricant, 1863.

2

3

4

HANS

Alfred, « spécialiste de bordures dorées, veloutées », 236 faubourg Saint-Antoine, prend la succession de son beau-père Rémy en 1881, et acquiert le matériel de Pelletier, son beau-frère, en 1882. Pelletier jeune, 78 et 83 rue de Charonne et 128 avenue de la Roquette en 1845, puis de 1859 à 1867, 33 avenue de la Roquette en 1857, pratique « expéditions pour la France et l'étranger, exportation [et annonce sa] spécialité de papiers mécaniques ». Pelletier fils, 33 avenue de la Roquette, de 1868 à 1873, tient « Fabrique de papiers peints, satinés, veloutés et dorés, spécialité de papiers mécaniques ». Pelletier A., « Fabrique de papiers peints, spécialité de bordures dorées et veloutées » est installé 217 boulevard Voltaire de 1874 à 1881. En 1899, A. Hans reprend la manufacture Balin. En 1893, les maisons Danois et Vitry, proposant « articles riches, cuirs repoussés, soieries, surahs, velours, peluche et soie », sont rachetées par Alfred Hans. A la veuve Cabillet installée 42 rue des Boulangers dès 1808, succède Gand, puis Mme Gand, associée à Jacques-Nicolas Vitry et décédée en 1830. Vitry exerce de 1830 à 1842 sous l'appellation Vitry et Gand. Son fils, Jacques-Eugène, prend sa suite sous la raison sociale Vitry, Vitry fils de 1843 à 1857, Vitry en 1858, Vitry fils (Victor-Eugène) de 1871 à 1894. La « Fabrique de papiers peints en tous genres, dorés et veloutés, repoussés ; exportation » est transportée 21 Grande-rue-de-Reuilly en 1848, 25 en 1853, 8 rue de l'Empereur, carrefour Rambouillet – Saint-Antoine en 1863, et 10 rue de Chaligny en 1865. En 1913, Alfred Hans, transfert 217 boulevard Voltaire le matériel et les collections de l'entreprise Buzin ancienne maison Délicourt et Hoock frères fondée en 1836, pratiquant « Imitation d'étoffes, cretonnes, soieries, cuirs repoussés ; spécialités de cuirs japonais ; choix considérable d'articles anglais », installée 167 et 169 rue de Charenton en 1895. Il dirige la société jusqu'à sa mort en 1928. Son fils, Gaston Hans, associé depuis 1913, lui succède sous la raison sociale Alfred Hans et fils. La manufacture, réputée pour son savoir-faire et la qualité de ses impressions, édite ses propres modèles et travaille à façon pour divers éditeurs. Elle ferme en 1969.

Hippolyte François HENRY

Peintre de paysage, portraitiste et pastelliste, élève de Lethière, Hippolyte François Henry expose aux Salons de 1833 à 1866.

H.-F. Henry travaille épisodiquement pour la manufacture Zuber de 1840 à 1874, fournit de nombreux projets de papiers peints aux décors floraux, souvent agrémentés de personnages et inscrits dans des compositions Rocaille aux fabriques parisiennes Délicourt et Riottot & Pacon.

1. Hans fabricant, 1969-1970.
2. Hans fabricant, 1969-1970.
3. Hippolyte Henry dessinateur, vers 1845.
4. Hans fabricant, vers 1965.
5. Hans fabricant.

1   2   3

4

5

HOOCK

L'ancienne maison Délicourt, 155 rue de Charenton de 1865 à 1867, ayant des maisons à Londres et à New York, fabrique des « papiers pour tentures, glacés, veloutés et dorés, [des] décors en tous genres, articles de style, [pratique l'] exportation. » En 1867, la maison Hoock frères participe à l'Exposition universelle de Paris et s'y voit attribuer la médaille d'or[1]. Elle est installée 167 et 169 rue de Charenton de 1868 à 1892. Récompensée d'une médaille de progrès à Vienne en 1873 pour ses « papiers peints – décors en tous genres – articles de style », elle se voit décerner une médaille d'or à Paris en 1878 et 1889. Elle reçoit également le diplôme d'honneur de l'Académie nationale agricole, manufacturière et commerciale de Paris en 1878. Fausse et Cie, ancienne maison Délicourt et Hoock frères, successeur en 1893 et 1894, cède le fonds à Buzin.

Jean-Baptiste HUET

Élève de C. Renou et J.-B. Leprince, Bouchet et Dagomer, il est reçu peintre animalier à l'Académie en 1769. Il expose aux Salons de 1769 à 1802, produit à l'eau-forte un œuvre important.
Dessinateur à la manufacture de Jouy-en-Josas depuis 1783, il est attaché aux manufactures des Gobelins et de Beauvais. Il aurait fourni les motifs de papier peint aux manufactures Réveillon et Arthur et Grenard, entre autres pour les panneaux en arabesque.

IMPRESSIONS DU LANDY

La société dite Impressions du Landy[1], 67 rue du Landy à La Plaine Saint-Denis, est créée en 1921.
Les Impressions du Landy ont rejoint le groupe Gaillard-Motel en 1957. En 1967, Les Impressions du Landy annonce la collection la plus complète de « Toiles de Jouy, dessins anciens et modernes exécutés sur papier gaufré duplex Durex à relief permanent. Papiers peints & cretonnes assorties. Fabrications Gaillard-Motel 29 rue Érard Paris XIIe. »

1. Hoock fabricant.
2. Jean-Baptiste Huet dessinateur ?, Jean-Baptiste Réveillon fabricant, 1789.
3. Impressions du Landy fabricant, vers 1950.
4. Hoock fabricant, 1855.
5. Hoock fabricant, 1860-1870.
6. *Les chansons françaises*, Impressions du Landy fabricant, Gaillard Motel éditeur, vers 1970.

1

2

3

4

5

Ls Tour prends garde
De te laisser abattre

Cadet Roussel
a trois maison

...let

Cadet Roussel a Trois gros ch

Cadet Roussel a trois be
chats

a t'en guerre

6

INALTÉRA

Depuis 1823, pendant un siècle et demi, cinq générations de la même famille lyonnaise – les Lafoy – ont consacré toute leur activité à la conception, la fabrication et la vente de papiers peints pour aboutir à la création de la prestigieuse marque française de décoration murale : Inaltera.

En 1935, Henry Lafoy, co-inventeur de l'impression en héliogravure chez Leroy, à Ponthierry, en Seine-et-Marne, introduit et développe ce procédé d'impression héliographique dans l'établissement familial tout en conservant des techniques de fabrication plus traditionnelles telles l'impression au cylindre.

Après la Seconde Guerre mondiale, l'usine reprend ses activités et participe à l'effort de reconstruction. En 1953, Pierre Lafoy conçoit une nouvelle machine pour plastifier les couleurs d'impression classique à l'eau, leur donnant une résistance égale à celle des peintures à l'huile. La marque Inaltéra et le label « les inaltérables d'Inaltéra » sont alors créés. Cela contribue fortement au développement de la société qui privilégie les papiers peints de qualité. Inaltera organise un concours de modèles de papiers peints dont les primés sont imprimés et présentés à l'Exposition universelle de Bruxelles en 1959. Michel Durand-Megret, Colette Ferrari, Simone Gambus, Adrien Garcelon, Odette Martin-Girard, Jacqueline Roy figurent parmi les lauréats. Pendant les années 1960 – 1980, la direction artistique est assurée par Marion Sabran.

En 1976, une usine ultra moderne est construite au sud-ouest de Lyon, à Corbas. Inaltera devient la première marque haut de gamme de la décoration murale en France et dans le monde.

La fabrication est reprise successivement par le groupe Balamundi, par Elf Aquitaine, puis par Foucray, et, en 1986, par René Martin qui consolide le positionnement haut de gamme de la marque et introduit au sein de la profession le label de qualité NF pour la fabrication des papiers peints français. Malgré la grave crise traversée par la profession et son avenir européen fortement compromis, fasse qu'Inaltéra, entreprise spécialisée dans le haut de gamme, retrouve la puissance nécessaire pour participer au développement de la décoration française dans le monde.

1

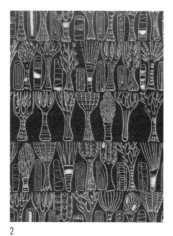

2

1. Slalom, Inaltéra fabricant, vers 1967.
2. Inaltéra fabricant, collection n° 753, 1959.
3. Inaltéra fabricant, collection n° 753, 1959.
4. Inaltéra fabricant, collection n° 753, 1959.
5. *Morphée*, Inaltéra fabricant, référence 586, vers 1965.
6. Inaltéra fabricant, collection n° 753, 1959.
7. Inaltéra fabricant, collection n° 753, 1959.
8. Inaltéra fabricant, 1959.

3

4

5

6

7

8

JACQUEMART
& BÉNARD

Pierre Jacquemart (1737-1804) et Eugène Balthazar Crescent Bénard de Moulinières rouvrent à l'automne la manufacture Réveillon mise à sac en avril 1789. En 1791, ils louent les bâtiments dont ils deviennent propriétaires en 1793, achètent le matériel et les marchandises. Ils prennent patente en 1792.

En 1797, la manufacture comprend « deux cent quarante-six personnes, non comptés les employés : deux dessinateurs en chef et un élève pour le renouvellement annuel des papiers de tenture destinés à l'impression, un artiste architecte-décorateur[1] et deux élèves pour l'entreprise de toute espèce de décors, tant à Paris que hors Paris, même pour le décor des salles de spectacles et fêtes publiques, huit peintres pour les décors, un artiste pour la composition et l'imitation de toute espèce de bois, deux chimistes[2], deux contremaîtres coloristes pour le mélange des couleurs et l'inspection des travaux, dix graveurs, cinquante deux imprimeurs, quatre-vingt-quatorze ouvriers[3], soixante dix enfants de l'âge de 8 à 14 ans employés près les imprimeurs et à divers travaux. »[4]

Aussi, « cette manufacture est renommée aujourd'hui dans toute l'Europe. L'on est parvenu à rendre jusqu'au tissu apparent des plus belles étoffes, la variété et l'exactitude la plus précieuse de leurs dessins, [...] L'architecture et la sculpture la plus parfaite ont eu leurs imitations portées jusqu'à la plus étonnante illusion. »[5]

Pierre Jacquemart, puis son fils Auguste François (1776-1854), et Bénard, restés associés jusqu'en 1809, « furent chargés des travaux des divers ministères, des diverses administrations, de presque toutes les fêtes et cérémonies publiques et notamment de l'établissement de la Convention au Palais des Tuileries et de tous les hôtels des émigrés adjacents pour les diverses sections du Gouvernement d'alors[6] ».

Un prix est attribué à « Jacquemart et Besnard, successeurs de Réveillon, rue Antoine à Paris, pour avoir soutenu la réputation de cette belle manufacture »[7] en l'an V. L'an IX, ils présentent « papiers peints, mine orange et bleu de Prusse »[8], puis, l'an X, exposent des papiers veloutés.[9]

« MM. Jacquemart et Bénard – Ces fabricants, successeurs de feu Réveillon, obtinrent une médaille de bronze à l'Exposition de l'an IX ; ils reparurent avec distinction à l'Exposition de l'an X. Les tentures qu'ils ont présentées en 1806, prouvent qu'ils ont fait des progrès ; leurs décorations en dorure sont parfaitement exécutées. Le jury leur décerne une médaille d'argent de 1re classe. »[10]

1

2

1. Jacquemart & Bénard fabricant, 1794-1797.
2. Jacquemart & Bénard fabricant, 1794-1797.
3. Jacquemart & Bénard fabricant, 1793.
4. *Soubassement*, Jacquemart & Bénard fabricant, vers 1800.
5. Jacquemart & Bénard fabricant, 1794-1795.
6. Jacquemart & Bénard fabricant, 1794-1797.
7. *L'automne*, Jacquemart & Bénard fabricant, 1794-1797.

3

4

5

6

7

JACQUEMART

Auguste Jacquemart est installé 46 rue Neuve-Saint-Méry en 1809. Il est 39 rue de Montreuil et dispose d'un entrepôt rue Napoléon, au coin de celle des Capucines, en 1810. Il est indiqué 35 et 37 rue de Montreuil en 1816, 39 rue de Montreuil en 1818, son dépôt se trouvant 1 rue de la Paix en 1821. René Jacquemart (1778-1848) reprend le 39 rue de Montreuil de 1838 à 1840[1]. « Ces manufacturiers sont recommandables par l'excellente direction qu'ils ont donnée à leur fabrication. Le jury a examiné leurs livres d'échantillons ; il a reconnu que tout est de bon goût et travaillé avec beaucoup de soin. MM. Jacquemart ont paru avec distinction aux expositions précédentes ; ils ont obtenu une médaille d'argent à celle de 1806 ; c'est le plus haut degré de distinction accordé jusqu'ici à ce genre d'industrie. Parmi les perfectionnements qui se font remarquer dans leurs productions exposées cette année par MM. Jacquemart, le jury a distingué un nouveau moyen d'imiter les ornements en or, qui produit beaucoup d'effet. »[2] M. Jacquemart « imite avec beaucoup de vérité le coloris des fleurs. Il fabrique aussi très bien les papiers veloutés et dorés. On lui doit la composition d'un nouveau vert, qui remplace avantageusement celui d'Allemagne. »[3] « Successeur de M. Réveillon, par qui fut établie cette belle fabrique, il y a à peu près soixante ans, il a infiniment augmenté cet établissement en introduisant, chez l'étranger, ce genre de fabrication qu'il a porté aujourd'hui à un tel degré de perfection, qu'on est parvenu à offrir, à la consommation, des papiers du plus bas prix comme des tentures de la plus grande richesse. Cette manufacture où se confectionnent tous les papiers de tentures en général, tels que veloutés rehaussés d'or et d'argent, paysages, etc., occupe constamment deux cents ouvriers ; elle fournit, depuis vingt ans, les établissements publics, ainsi que les Palais du gouvernement. »[4] M. Jacquemart « conserve la supériorité qu'il s'est depuis longtemps acquise dans la fabrication des papiers peints imitant de riches étoffes. Ses ornements dorés présentent d'heureux effets de lumière et d'ombre, par l'art avec lequel il sait opposer l'or mat à l'or brillant. Ses papiers moirés, dont les ondulations s'obtiennent au moyen d'une couleur brune qui paraît à travers une poussière de laine, ont aussi été vus avec beaucoup de satisfaction par le jury. »[5] « M. Jacquemart a présenté plusieurs panneaux à décor, d'un goût très remarquable. Le jury confirme de nouveau la médaille d'argent obtenue dès 1806 par M. Jacquemart, et rappelée en termes flatteurs aux trois expositions subséquentes. »[6]

1

2

1. Jacquemart fabricant, 1825.
2. Jacquemart fabricant, 1825.
3. Jacquemart fabricant, Victor Poterlet dessinateur, 1840-1850.
4. Jacquemart fabricant, Victor Poterlet dessinateur, vers 1835.
5. Jacquemart fabricant, 1837.
6. Jacquemart fabricant, vers 1835.
7. Jacquemart fabricant, 1838.
8. Jacquemart fabricant, 1838.

3

4

5

6

7

8

JOSSE

Josse (Ch.) « fabrique de papiers de tenture sur velouté et glacé, dorure imitant la broderie, papier chromolithographique, papiers dorés, frappés, mats, satins et veloutés, papiers mécaniques, au cylindre et à la planche » est située 12 rue Saint-Bernard – faubourg Saint-Antoine en 1858, 163 rue de Charonne dans les locaux de Lemaire en 1864. La raison sociale devient Josse (Vve) et fils de 1867 à 1885, Josse (Gustave) ancienne maison Josse (Vve) et fils en 1886. L'adresse de la « manufacture de papiers peints en tous genres, mécanique et à la planche, papiers dorés et frappés, imitation d'étoffes repoussées, bordures, fonds unis, veloutés unis ; grande spécialité pour l'exportation. Usine hydraulique et à vapeur à Mouy (Oise) » est 25 rue d'Hauteville de 1891 à 1897. L'entreprise est récompensée pour ses « imitation de cuir, dorure imprimée sur laine et frappée, panneau représentant l'écusson des armes d'Angleterre »[1] en 1862, par une médaille d'argent en 1867 et 1878 « pour leurs papiers peints en tous genres ».

JOUANNY

En 1854, la fabrique de papiers peints ordinaires, veloutés et dorés, Jouanny-Villeminot, située 99 faubourg du Temple, est spécialisée dans les dessins à la mécanique et les dessins riches. Elle propose 84 faubourg du Temple des cartes d'échantillons et pratique l'exportation. Elle est indiquée 70 faubourg du Temple en 1855, 70 et 72 en 1856 et se vante d'être la « seule maison où l'on trouve toujours fabriqués 100 à 150 000 rouleaux prêts à être livrés ; [des] cartes d'échantillons envoyés gratis sur demande [et de pratiquer] impression à la planche et au cylindre. » Jouanny œuvre seul en 1873 et 1874. La raison sociale devient Jouanny (Vve) en 1875. Jouanny Gauthier, « Manufacture de papiers peints à la planche et à la machine, spécialité de bordures », est mentionné 5 rue Rondelet en 1880. Jouanny est réuni à Duchesne, 5 et 7 boulevard des Filles-du-Calvaire, en 1900 puis aux Anciens établissements Desfossé et Karth. En 1900, Georges Jouanny, 55 rue de Rome, expose des dessins de papiers de tenture. La marque Fama[1] est déposée par M. Jouanny, 8 rue Blanche à Paris, en 1920.

Francis JOURDAIN

Peintre, décorateur et graveur, il s'initie à la peinture et à la gravure en couleurs auprès de Henri C. Guérard, travaille le soir dans l'atelier d'Eugène Carrière, et est aussi l'élève d'Albert Besnard. Il participe aux expositions de la Société nationale des beaux-arts dont il est nommé associé. Il est un des membres fondateurs du Salon d'automne longtemps présidé par son père, Frantz.
Autant intéressé par les arts décoratifs que par l'art pur, il construit des meubles, crée une société, Innovation, consacrée aux papiers peints, toiles et tentures murales, 104 avenue des Champs-Élysées, en 1923[1], et dépose la marque Decora[2] en 1925.
Les papiers qu'il présente à l'Exposition des arts décoratifs de Paris en 1925, sont ainsi accueillis : « Francis Jourdain, sans renoncer à son inspiration japonaise, tire d'amusants effets de treillage & de plantes grimpantes[3] ».
La manufacture Follot a imprimé les modèles conservés au musée des Arts décoratifs.

148

1. Francis Jourdain dessinateur, Follot fabricant, vers 1925.
2. Josse fabricant, vers 1862.
3. Jouanny fabricant.
4. Francis Jourdain dessinateur, vers 1925.
5. Josse fabricant, vers 1862.
6. Josse fabricant, vers 1862.
7. Josse fabricant, vers 1862.

1

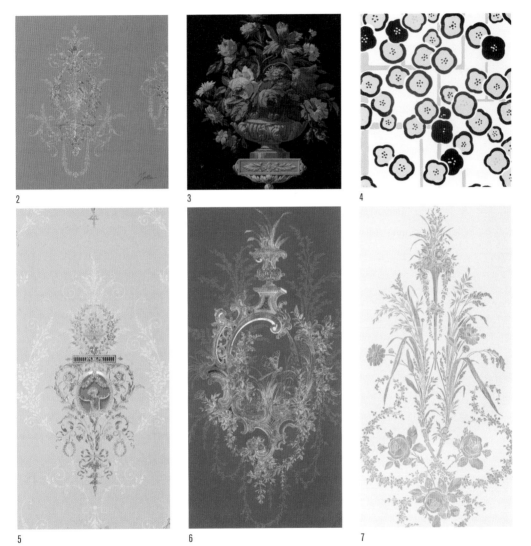

2

3

4

5

6

7

KARTH

Hippoplyte Karth (1811-1877), arrive de Mannheim, en Allemagne, où il était associé à Engelhardt, en 1861. La manufacture Engelhardt & Karth pour laquelle le dessinateur Victor Poterlet a fourni moult dessins de papier peint, s'était attirée ce commentaire lors de l'Exposition universelle parisienne de 1855 : « Bonne fabrication dans tous les genres ».

Cette année 1861, H. Karth prend la direction de Clerc et Margueridon, « Manufacture de papiers peints en tous genres ; spécialité de paysages, lambris, rosaces, rayures, etc., exportation », située 26 rue saint-Bernard. En 1863, il s'associe à Jules Desfossé, apportant ainsi à la nouvelle société Desfossé et Karth l'héritage industriel de Clerc et Margueridon.

Un Jules-François Karth, fabricant de papiers peints, 43 rue Crozatier, est mentionné dans les almanachs et bottins de1875 à 1878.

KOB & G. PICK

Installés, de 1857 à 1867, 112 rue de Charenton à Paris dans les locaux de Lapeyre (S.), Kob & Cie, spécialisés dans les veloutés dits florentin double, soie et brochés, pratiquent l'exportation. La manufacture Lapeyre (S.), Kob & Cie exerce son activité au 120 rue de Charenton de 1848 à 1856. « Ces industriels, occupent une centaine d'ouvriers, exposent [en 1849[1]] un très bel assortiment de papiers peints, imitations d'ornements en relief, brocards diamantés d'argent, laine grenat, du velours changeant de deux nuances, imitations d'étoffes de soie. Dans leur assortiment, on remarque plusieurs papiers gaufrés dorés ou argentés brunis. » En 1851[2], ils exposent un « grand décor à galerie de jardin, avec pilastres et statues, [de] très beaux dessins en veloutés et dorés à grand effet. » En 1855, ce sont des « décors riches de divers styles, imitations de damas et brocatelles, tentures à fleurs, bordures courantes, rayures à une laine sans impression, dite velours florentin[3]. » Desfossé et Karth rachète le fonds en 1867.

Ferdinand KRUMBHOLZ

Peintre de genre et de portraits, il étudie à l'Académie de Vienne, à Rome et vient se perfectionner à Paris. Il devient peintre de la Cour du Portugal, se fixe à Lisbonne, voyage en Amérique, revient à Paris puis se marie à Berne. Il expose à Paris de 1836 à 1845.

Krumbholz fournit des modèles de papier peint à la manufacture Riottot et Pacon vers 1855.

1. Engelhardt & Karth, vers 1860.
2. Kob & Pick fabricant, vers 1860.
3. Ferdinand Krumbholz dessinateur, Riottot fabricant, 1854.
4. Karth fabricant ?, Victor Poterlet dessinateur, 1860-1870.
5. Karth fabricant ?, Victor Poterlet dessinateur, 1860-1870.
6. Kob fabricant ?, vers 1840.
7. Kob fabricant ?, vers 1840.
8. Kob fabricant ?, vers 1840.

1   2   3

4   5   6

7   8

LA CHAMPENOISE

Cette usine, filiale de la société belge Genval, est créée par Jean Sommesous, ancien directeur de Grantil, en 1967. Installée à Chalons-sur-Marne, 38 rue des Dats, elle imprime des papiers peints selon les procédés traditionnels ou en flexographie. Elle approvisionne essentiellement les grandes surfaces de vente et de bricolage. Après plusieurs restructurations successives, elle ferme ses portes en 2004 sous le nom de Champenoise SA.

LAPEYRE

Lapeyre J., Drouard et Cie, successeur de J. Dufour et Leroy, dirigent la manufacture du 10 rue Beauveau, de 1836 à 1838. La raison sociale devient Lapeyre (S.) et Cie de 1839 à 1847 et l'adresse 4 boulevard Bourdon de 1843 à 1845. En 1839, « cette maison a exposé quatre panneaux d'un décor, dit style de la Renaissance, qui présente dans un fond cramoisi des ornements où la couleur de bois contraste avec le bleu ; un plafond dans le genre des peintures d'Herculanum, des papiers imitant le cachemire, des devants de cheminée, etc. Si les papiers de M. Lapeyre laissent quelque chose à désirer sous le rapport de l'harmonie des couleurs et des sujets même, leur bonne exécution détermine le jury à lui décerner une médaille de bronze. »[1] En 1844, « M. Lapeyre fabrique des papiers de toutes sortes, depuis le plus commun à 27 centimes le rouleau, et 70 centimes lorsqu'il est satiné, jusqu'au plus cher. Les papiers à dessins d'étoffes de M. Lapeyre sont d'une bonne qualité. En outre, son décor dit genre Louis XV, offre une preuve de la bonne exécution qu'il est capable d'apporter à la confection des papiers de luxe. Sans traiter ici les questions du dessin, de l'harmonie des couleurs, du goût ou du style de la composition de ce décor, nous ferons quelques observations relatives à la destination dont il est susceptible. [Le] décor de M. Lapeyre, exécuté pour l'exposition [...] s'il fallait s'en servir ce ne serait que comme une décoration de théâtre représentant le fond d'un salon, ou plutôt une de ses quatre parois. [...] MM. Lapeyre obtinrent en 1839, une médaille de bronze. Les efforts qu'ils ont faits depuis cette époque les rendent dignes de recevoir une médaille d'argent[2] ». Lapeyre (A.) et Burtel C.-A., 20 Petite-rue-de-Reuilly, exercent leur activité de 1838 à 1843. Drouard tient manufacture 4 rue Grange-aux-Merciers à Bercy et dépôt 59 rue Saint André-des-Arts de 1844 à 1847. Messener et Lapeyre sont rue Lenoir de 1838 à 1847. Lapeyre, Kob et Cie se trouvent rue de Charenton de 1848 à 1856. Lapeyre (S.) et Cantor, 37 rue de Montreuil en 1860 et 1861, 57 rue de Montreuil de 1862 à 1873, sont spécialisés dans les tentures veloutées, le velours lustré dont ils sont l'inventeur. Cantor demeure seul en 1873, (E.) Durrant fils aîné semble lui succéder en 1877.

1. *La clef des Mains*, La champenoise fabricant, 1970-1971.
2. *Chasse et pêche*, Lapeyre fabricant, 1846.
3. Bordure du décor *Chasse et pêche*, Lapeyre fabricant, 1846.
4. Lapeyre fabricant.
5. La champenoise fabricant, 1970-1971.
6. Lapeyre fabricant, 1841, détail.

1

2

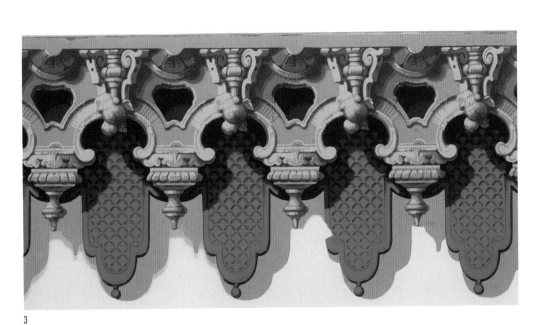

3

4

5

6

Marie LAURENCIN

Peintre de compositions animées et de portraits, de décors de théâtre, aquarelliste, graveur, illustrateur, formée à l'Académie Humbert à Paris, elle expose au Salon des Indépendants en 1907. Marie Laurencin dessine deux papiers peints édités par André Groult en 1912 *Les singes* et *Isis ou l'hommage à Apollinaire*.

Les planches d'impression étant conservées par l'imprimeur Hans, une réédition des *Singes* a été réalisée pour l'Exposition *Trois siècles de papiers peints* au musée des Arts décoratifs de Paris en 1967.

Claude LE BLOND

Les Le Blond, originaires de Paris, essaimèrent à Orléans et en Avignon.

Claude, le fils de Hugues « marchand imagier », naît en 1707 en Avignon. Il s'intitule « imagier tapissier ». Il cède son fonds à son fils en 1779.

La branche avignonnaise des Le Blond signent « AVIGNON CHEZ LE BLOND ».

Jean LE BLOND

Héritier d'une dynastie de marchands cartiers originaires de Paris, ayant pignon sur rue à Orléans depuis 1631 environ, Jean Le Blond, fils de Jérôme II, est libraire et dominotier rue du Tabour. Son affaire prend de l'extension, et, en 1751, il s'associe à son gendre Jean-Baptiste Sevestre à qui il cède son entreprise peu avant sa mort en 1771.

Un papier peint signé « A OR-LEANS CHEZ LE BLOND » porte le numéro 229.

1. *Les singes*, Marie Laurencin dessinateur, Groult fabricant.
2. Claude Leblond fabricant, vers 1770.
3. Jean Leblond fabricant, milieu XVIIIᵉ siècle.
4. Claude Leblond fabricant, vers 1770.

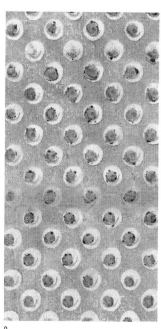

1

2

3

LECERF

Cette fabrique de papiers peints, dorés et veloutés, pratiquant l'exportation, est installée 15 rue de Picpus de 1868 à 1878. Or, en 1848, Lecerf-Deguette se trouvent 25 bis rue Ménilmontant puis 47 rue Ménilmontant de 1851 à 1857 ; ils se sont associés en 1837 et exercent leur activité commune entre 1838 et 1841. Le fonds de leur entreprise est repris par Bourgeois jeune en 1859 mais à une adresse différente. Quel est donc le lien entre ces deux Lecerf domiciliés au même endroit ?

LE CORBUSIER

Peintre, fresquiste, peintre de cartons de tapisserie, dessinateur, sculpteur, l'architecte expose sa peinture en 1918 et 1923 avec Ozenfant, et seul en 1938, 1953, 1956, 1962 et 1963. Il édite deux collections de papiers peints chez le fabricant allemand Salubra, *Claviers de couleurs*, en 1932, et une seconde en 1953. Il fait exécuter plusieurs tapisseries à Aubusson à partir de 1951.

Alain LE FOLL

Après les Beaux-Arts de Caen et des études de dessin et peinture à Paris, il œuvre comme graphiste à partir de 1958, mène une activité d'illustrateur et de conseil pour les porcelaines Rosenthal en 1962. À partir de 1964, il enseigne à l'ENSAD, rédige de nombreux articles, monte des expositions personnelles. Il est souvent récompensé pour ses travaux publicitaires, d'illustrateur, de dessinateur et de graveur. En 1974, il conçoit les décors de papier peint imprimés au cadre *Nénuphars* et *Falaises* pour Zuber.

1. *Nénuphars*, Alain Le Foll dessinateur, Zuber fabricant, 1974.
2. *Claviers de couleurs*, Le Corbusier dessinateur, Forbo Salubra fabricant, 1932.
3. *Falaise*, Alain Le Foll dessinateur, Zuber fabricant, 1976.
4. Lecerf fabricant, 1864.
5. Lecerf fabricant, 1859.
6. Lecerf fabricant, vers 1860.

1

2

3

4

5

6

LE MARDELÉ & Cie

Cette « Manufacture de papiers peints en tous genres. Articles ordinaires et riches, cuirs de Cordoue, soieries, veloutés, surahs, cretonnes assorties aux étoffes, toiles peintes, imitation de tapisseries. Maison recommandée par son bon marché. »[1], située 115 faubourg Saint-Antoine, est en activité de 1883 à 1980. À la même adresse, œuvrent aussi, de 1880 à 1900, Bertrand et Le Mardelé « Fabrique de papiers peints à la planche et à la machine. Bon marché réel. Dernières nouveautés en tous genres, 150 000 rouleaux tout fabriqués et prêts à être livrés. Albums d'échantillons, envoyés gratuitement sur demande ; articles pour décoration, lambris, frises, plafonds, panneaux, médaillons, etc. articles spéciaux pour théâtre et concerts. Cretonnes assorties aux étoffes. Cuirs de Cordoue, velours gaufrés, soieries, toiles peintes et imprimées. Étoffes

Gobelin pour tentures murales ». Bertrand (G.) Cie, dans sa « fabrique de papiers peints à la planche et à la mécanique [proposant] Décoration : papiers de luxe, confort et économie, appareil mécanique présentant à l'acheteur les différents genres de décorations et permettant d'en juger l'effet de jour et de nuit, cartes d'échantillons, nouveautés en tous genres ; 150 000 rouleaux tout fabriqués et prêts à être livrés. Cartes d'échantillons envoyées gratuitement sur demande. Articles pour décoration, luxe, confort, économie, etc. »[2], agît seul, 115 faubourg Saint-Antoine, de 1875 à 1879.
La consultation des almanachs a permis de retrouver les occupants précédents du 115 rue du faubourg Saint-Antoine : Baron de 1850 à 1858, Ballavoine – quoique actif dès 1850 – de 1870 à 1883, Bobe et Bertrand « Décoration ; papiers de luxe,

confort et économie ; appareil mécanique présentant à l'acheteur les différents genres de décorations et permettant d'en juger l'effet de jour et de nuit. Cartes d'échantillons envoyées gratuitement sur demande » de 1870 à 1875.
Achille (J.), quant à lui, est installé 115 rue du faubourg Saint-Antoine chez Jacquemart en 1866 et 1867, chez Jacquemart et Bobe en 1868 et 1869, chez Bobe et Bertrand en 1877. Le Mardelé Décorations murales et ameublement expose dans le côté droit du hall du Grand Palais en 1925, et Le Mardelé Frères, éditeurs, figurent sur la liste des exposants de 1937.
Le 5 novembre 1930, Georges Le Mardelé, gérant de Le Mardelé Frères S.A.R.L., dépose en compagnie de Paul Delepoulle, gérant de Delepoulle S.A.R.L., la marque Damastyle.

1

2

1. Le Mardelé fabricant, 1925.
2. Le Mardelé fabricant, 1925.
3. Le Mardelé fabricant, 1924.
4. Le Mardelé fabricant, 1924.
5. Le Mardelé fabricant, 1925.
6. Le Mardelé fabricant, 1925.

3

4

5

6

LEGRAND

« Legrand et Comp. est installé Place Henri IV de1786 à 1789. La maison qui fait l'angle gauche de cette place, sur le Pont-neuf, est occupée par le magasin de papiers pour meubles tenu par les sieurs Legrand et compagnie, dont la manufacture est située rue d'Orléans, faubourg Saint-Marceau. On trouve dans les magasins de ces messieurs de quoi s'assortir parfaitement dans tous les genres tant en papiers peints, que de Chine, veloutés au pinceau, arabesques, ornements d'architecture, etc. » et « La maison appelée le petit séjour d'Orléans qui est dans la rue de ce nom, est occupée par une manufacture de papiers peints tontisses […] Au-dessus, en face de la rue du Noir, est la manufacture de papiers tontisses et veloutés pour meubles, tenue par mrs Legrand et compagnie. »[1] L'associé de 1789 se dénomme Barabé de sorte que l'Almanach

de Paris publie l'annonce suivante : « Barabé, Legrand et Cie, Place du Pont-Neuf, vis-à-vis Henri IV, tiennent manufacture et magasin de toutes sortes de papier pour tenture et assortiment dans les goûts les plus recherchés. » Barabé est cité 22 rue de la Monnaie-Muséum, de l'an VII (1799) à X (1802). L'adresse de Legrand et Comp. devient 15 rue d'Orléans-Finistère en l'an VII (1799), 30 rue d'Orléans de l'an VIII (1800) à X (1802). Legrand père est mentionné 31 rue du Noir-Finistère, 11 rue du Noir-Finistère en l'an VIII (1800), rue du Temple, en face celle des Blancs-Manteaux en l'an XI (1803), 59 Vieille rue du Temple-Droit de l'homme l'année suivante, 60 Vieille rue du Temple en 1806. À partir de l'an X (1802), et jusqu'en 1812 au moins, la raison sociale est devenue Legrand père et fils. Et, en 1825, Legrand (F.A.) et Cie,

commissionnaire, 9 rue du Jardinet, possède une maison à Bayeux. Le dépôt légal de la Bibliothèque nationale de France conserve des papiers de tenture et des tableaux provenant de la manufacture Legrand et Comp. datés des années 1799-1801. Sous la Restauration enfin, Legrand, mentionné dans les almanachs, de 1830 à 1832, 102 rue de Charenton, emploie des dessinateurs tels Méry père, Audouin ou Legendre. En l'an VIII (1800), apparaît Legrand neveu, 20 et 29 rue Censier-Finistère, 19 rue Censier en l'an XIII (1805), 11 rue Censier en 1806, 65 rue de Ménilmontant en 1814, 67 rue de Ménilmontant en 1819, et enfin 105 rue de la Roquette en 1829. Legrand neveu est donc régulièrement indiqué dans les almanachs de 1800 à 1829 sauf en 1816 et 1817.

1

2

1. Legrand fabricant , 1810.
2. Legrand fabricant, Verthier dessinateur, 1797.
3. Legrand fabricant, Audouin dessinateur, 1803.

LELEU

Jules et Marcel Leleu rattachent des ateliers d'ébénisterie à l'entreprise de peinture fondée par leur père en 1882 à Boulogne-sur-mer lorsqu'ils la reprennent en 1909. En 1910, la société a pour nom « Leleu frères » et pour objet l'exploitation d'un commerce de peinture, vitrerie et décoration. Participant à des salons où il présente les meubles qu'il crée, Jules s'installe à Paris en 1924, avenue Victor Emmanuel, devenue depuis avenue Franklin Roosevelt. Paule Leleu (1906-1987) formée par son père Jules (1883-1961), rencontre des artistes, des conservateurs de musée et des personnages du monde. Elle apprend à dessiner auprès de son père et d'Yvan Da Silva Burhns. En 1935, Jules Leleu lui confie le département « Tapis » de l'entreprise. Elle dessine des tapis pour la clientèle de décoration, puis à partir de 1936, à l'expiration du contrat qui lie Da Silva Burhns à Jules Leleu, pour les commandes officielles. À cette époque, les murs sont soit blancs ou crème, soit recouverts d'un « Lincrusta-Walton et

Loreid » coloré ou doré à la feuille. À partir de 1947 et dans les années 1950, portée par le dynamisme de salons, Paule Leleu crée des modèles de papiers peints assortis à ses étoffes et imprimés par le fabricant de papiers peints Follot. Ce sont *Les nœuds*, *Les papillons*, *Les bouquets*, *Les petites feuilles*, ou encore *Annie*, *Christine*, *Laurence*, *Maëva*. L'atelier abrite alors quatre dessinatrices dirigées par la graphiste Annie Grattepain. En 1966, les départements des Tapis et des Tissus continuent leur activité grâce à des représentants qui sillonnent la France. La collection ne cesse d'évoluer. En 1972, la Maison Leleu se consacre entièrement au projet Persépolis, en Iran. L'atelier de dessin a pour mission de créer des tissus et des papiers peints assortis pour décorer les dix tentes du camp du drap d'or. Les papiers peints *Cachemire*, *Valentine*, *Justine*, *Myriam*, *Malvina*, *Fabienne*, *Eléonore*, *Bombay*, *Amanda*, *Farah*, *Tokyo* et *Tabora*, imprimés par Follot, voient ainsi le jour.

Georges LEMOINE

Graphiste de formation, il œuvre dans le domaine de la publicité. À partir de 1960 il réalise des illustrations gravées sur bois ou sur lino pour des livres, des brochures publicitaires ou des magazines féminins, utilise la technique de l'aquarelle pour exécuter ses illustrations et ses œuvres personnelles.
En 1974, à l'invitation de la manufacture Zuber, il crée un décor de papier peint imprimé au cadre : *Chemin de halage*.

164

1. *Tabora*, Leleu éditeur, Follot fabricant, 1972.
2. *Antoinette*, Leleu éditeur, Follot fabricant, 1972.
3. *Chemin de halage*, Georges Lemoine,
Zuber fabricant, 1974.
4. *Tabora*, Leleu éditeur, Follot fabricant, 1972.
5. *Les bouquets*, Paule Leleu dessinateur, Leleu éditeur, Follot imprimeur, 1948.
6. *Tokyo*, Leleu éditeur, Follot fabricant, 1972.

1   2

3

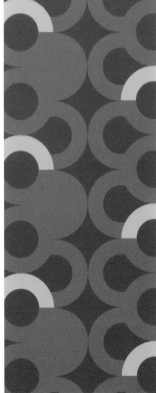

4

5

6

LERAY

Félix Leray exerce son activité 1484 rue de Grenelle-Germain, 181 rue Saint-Dominique – Fontaine-de-Grenelle de 1795 à 1807, 5 rue Neuve Belle-Chasse en 1806, au 3 de la même rue en 1811, et à nouveau au 5 en 1813.

Il apparaît sous la raison sociale Leray et Velay de 1808 à 1826[1], Leray (Félix) et Dutertre en 1827 – 1828, 12 rue Popincourt en 1835 et de 1837 à 1841, puis Farine-Dutertre.

« Ce manufacturier a contribué, par ses longs travaux, à améliorer, dans toutes ses parties, le genre d'industrie qu'il exerce et qui a fait de si grands progrès en France depuis quarante ans. Recherchant les moyens d'économie, aussi bien que ceux de perfectionnement, M. Leray s'est constamment appliqué, avec un succès honorable, à mettre des produits soignés à la portée des fortunes médiocres. Aidé des talents de M. Coignet père, dessinateur très estimé dans cette partie, il a surtout répandu le genre des décors sur papier carré qu'il a le premier exécutés aussi parfaitement que les articles sur grand raisin. Depuis qu'il a adopté, l'un des premiers, l'usage de fabriquer également sur carré, des articles satinés et veloutés aussi élégants et d'un prix beaucoup moins élevé que ceux que l'on fabriquait auparavant sur raisin. Ces vues d'économie ont servi son genre de commerce, en en facilitant la propagation à l'étranger[2]. »

LEROUGE

Il exerce 855 Cour des Religieux – Unité, en l'an X (1802), 1325 rue du Colombier – Unité, en l'an XII (1804), 21 rue du Colombier de 1806 à 1808.

Lerouge figure parmi les fabricants contestant le brevet déposé « pour la fabrication d'un papier-mousseline ou linon-baptiste sur fond de couleur » par Jacquemart & Bénard mentionnés dans l'article du journal *Le Mois*, an VIII, n° 13. L'échantillon du musée des Arts décoratifs accompagnait le dit article.

1

2

1. Leray fabricant, 1813.
2. Leray fabricant, 1810.
3. Lerouge fabricant, 1800.

LEROY

Louis Isidore Leroy (1816-1899) possède « une manufacture de papiers peints à la mécanique » 59 rue Lafayette, près le marché à Fourrages en 1846, 86 rue Lafayette en 1850. En 1865, la « fabrique de papiers peints, brevet s.g.d.g. d'invention et de perfectionnement, manufacture de papiers peints à la mécanique à la marque de fabrique : I.L. » se trouve 170 rue de Lafayette. Elle a en plus des bâtiments 7 et 9 rue Château-Landon en 1879. Enfin, en 1882, l'usine à vapeur fonctionne 11 rue Château-Landon, au coin de la rue Lafayette En 1912, l'usine du 11 rue Château-Landon est expropriée par la Compagnie des Chemins de fer de l'Est et transférée à Ponthierry, en Seine-et-Marne, sur un site de 70 000 m². Lors de l'Exposition universelle de Paris en 1855, leurs « papiers peints imprimés par des procédés mécaniques » reçoivent une mention honorable. En 1862 à Londres, « M. Leroy, de Paris –

Spécialité de dessin fait à la mécanique, d'un genre simple, mais de bon goût ; dessins alhambras, écossais et autres » décroche la Médaille unique. Lors de l' Exposition parisienne de 1867, « l'usine de M. Leroy occupe 310 ouvriers et produit annuellement 3 millions de rouleaux. Cet industriel a, le premier, appliqué à l'impression des dessins, les cylindres gravés en relief, et a considérablement développé et perfectionné la fabrication à la machine. Se bornant à fabriquer avec des petites machines mues par bras d'hommes, il est arrivé cependant ainsi à une production considérable, et les papiers imprimés qui sortent de chez lui ont une réputation toute particulière pour le soin qui est apporté à leur exécution. Il fabrique spécialement, par 25 petites machines à la main, imprimant de une à douze couleurs. Depuis peu seulement, il emploie une grande machine à vapeur sys-

tème anglais[1]. » À Vienne, en 1873, « M. Isidore Leroy avait un décor à personnages fabriqué à la mécanique » qui lui vaut la Grande médaille du progrès. Hors concours à Paris en qualité de membre du jury en 1878, Leroy (Isidore) et ses fils y présentent cependant des papiers peints et impressions à la machine, dont un panneau Louis XIV à personnages. Charles-Isidore Leroy (1846-1921), associé à son père depuis 1878, expose en 1889 une imitation de tapisserie en sept lés, *Le jugement de Salomon*, imprimée à la mécanique.

En 1900, « À Paris, l'Exposition de la maison Isidore Leroy s'offrait aux regards charmés, sur une longueur de 31 mètres et une hauteur de 5,50 m. L'ensemble frappait, non seulement par son ampleur, mais encore par sa richesse de coloris et sa composition ordonnée par des maîtres tels que MM. Tardif et Bigaux ; il était formé de huit

1. Leroy fabricant, 1919-1920.
2. Leroy fabricant, 1928-1929.
3. Leroy fabricant, 1919-1920.
4. Leroy fabricant, 1928-1929.
5. Leroy fabricant, 1921-1922.
6. Leroy fabricant, 1925-1930.
7. Leroy fabricant, 1919-1920.
8. Leroy fabricant, 1925-1930.
9. Leroy fabricant, 1898-1899.
10. Leroy fabricant, 1919-1920.
11. Leroy fabricant, 1919-1920.

1

2

3

4

5

6

7

8

9

10

11

panneaux différents de styles comme de tons ; l'art nouveau y coudoyait, en effet, les styles Louis XIV et Louis XVI. Au centre, le panneau principal : *La cueillette des oranges*, attirait l'attention ; la composition en était due à M. Louis Bigaux. [...] De chaque côté se trouvaient deux panneaux faïence de même tonalité. [...] à droite de ce panneau, nous avons remarqué deux dessins en art nouveau qu'accompagnait un cuir repoussé. Ils avaient pour pendant, à gauche, un magnifique panneau central de trois lés, où apparaissait un joli vase Louis XVI[2]. » « Nous nous trouvons sans contredit devant la première de nos maisons françaises pour la fabrication mécanique, occupant 400 ouvriers et employés. La maison Leroy nous soumet plusieurs panneaux représentant les différents genres de sa fabrication : soieries, tapisseries, faïences, cuirs, en un mot à peu près tout

ce qui se fait en fabrication à la machine ; l'ensemble en est parfait au point de vue métier et nous croyons qu'il est difficile, avec les moyens mécaniques, d'approcher plus près de la perfection » estime Eugène Desfossé lors de l'Exposition de Saint-Louis (USA) en 1904. La nouvelle usine de Ponthierry dont la mise en route fut retardée par la guerre de 1914-1918 et assurée par Maurice-Isidore Leroy (1877-1933), comprend, en 1923, des ateliers de gravure, un laboratoire, un atelier de fabrication des colles et des couleurs, un magasin à papier et fait tourner cinquante machines à imprimer. Elle dispose d'un choix de deux mille dessins dans sa collection annuelle et une capacité de production de cent mille rouleaux de huit mètres par jour. Lors de l'Exposition des Arts décoratifs de 1925 « le stand de la maison Isidore Leroy offrait aux visiteurs l'agrément d'un vaste encadrement

de papiers peints, groupés avec art, notamment une composition aquatique reproduisant des cyprins dorés parmi des algues, œuvre dans laquelle Seguy avait prodigué sa virtuosité coutumière[3]. » En 1928[4], Leroy institue un concours de dessins dont Stéphany est vainqueur. En 1934, l'usine sort des « papiers de tenture obtenus, pour la première fois au monde, par des procédés héliogravure ». « Isidore Leroy (S.A.), fabricant, Ponthierry, Seine-et-Marne − papiers peint » est listé à l'Exposition internationale des arts et techniques, à Paris, en 1937. Les usines Leroy resteront les meilleures d'Europe jusqu'à leur fermeture en 1982.

1. Leroy fabricant, 1930-1931.
2. Alhambra, Leroy fabricant, 1867.
3. Leroy fabricant, vers 1970.
4. Leroy fabricant, 1920-1930.
5. Leroy fabricant, 1920-1930.

1

2

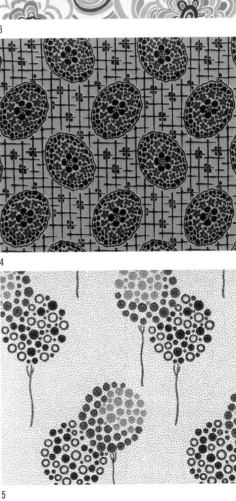

3

4

5

LES ASSOCIÉ

Marque de marchands d'images et cartiers installés rue Saint-Jacques à Paris, actifs entre 1758 et 1778. Nombre de leurs modèles sont identiques à des impressions orléanaises de sorte que l'on prête actuellement cette marque à un groupement de maîtres-dominotiers originaires d'Orléans qui se serait constitué pour contourner les taxes parisiennes et écouler leurs marchandises dans la capitale. 245 dominos au moins furent imprimés sous cette marque, « A PARIS CHEZ LES ASSOCIE », parfois suivie des lettres « .S. LB. » (Sevestre Le Blond ?).

LES DOMINOTIERS

En 1972, Monique Martin, ancienne étudiante de l'École du Louvre, vendeuse chez Nobilis, puis « bras droit » et successeur de Madame Borgeot, directeur de Besson Rive gauche, crée sa boutique Les Dominotiers avenue du Maine. Son entreprise prospérant, et soucieuse de répondre à la demande de sa clientèle, Monique Martin se lance dans l'édition de modèles de papiers peints. Ainsi, ayant rencontré André Mauny, elle a l'idée de recolorer, dans des tons très personnels et parfois à la demande du client, les jeux de fond imprimés à la planche par l'éditeur ; elle en sélectionne certains, les coupe en carrés de quarante centimètres, et propose des pochettes de patchworks inédits qui remportent un vif succès. Devançant les aspirations des acheteurs, elle introduit un répertoire de petits motifs en pleine époque de la mode des grands dessins. Elle devient distributeur de la société suédoise Duro en 1973. Vers 1975, elle élabore avec la dessinatrice Éliane Dugimont une collection de papiers panoramiques imprimée par Décograf ou Zuber. Christian Gouron, un ancien des manufactures Inaltéra et Pickardt & Sieber, rachète le magasin en 1985 mais se voit contraint de le fermer en 1999.

1. Les Dominotiers éditeur, Eliane Dugimont dessinateur, Decograf fabricant, vers 1975.
2. Les Dominotiers éditeur, Duro fabricant, 1973.
3. Les Dominotiers éditeur, Duro fabricant, 1973.
4. Les Dominotiers éditeur, Eliane Dugimont dessinateur, Decograf fabricant, vers 1975.
5. Les associé, milieu XVIIIe siècle.
6. Les associé, milieu XVIIIe siècle.

2

3

4

5

6

LES FILS D'ANDRE PAILLE

En 1898, Émile Paille, docteur en pharmacie, prend des actions dans l'entreprise versaillaise de « Couleurs, Vernis, Siccatifs, Produits chimiques » Moreau et Marcille fondée en 1788. Devenu actionnaire majoritaire en 1903, la société devient Émile Paille et Compagnie puis Paille & Fils en 1935 après l'arrivée de son fils André qui meurt en 1944. Les fils de ce dernier, Michel et Bernard, décident de fabriquer leurs propres peintures, Les Peintures Safe, développant les marques Safemat ou Peinture au château. En 1960, l'usine s'installe à Hondouville près de Louviers dans l'Eure et devient l'un des deux fournisseurs exclusifs du réseau ONIP créé en 1962.

Dans l'esprit des dirigeants de la société Paille, l'activité de fabri-cant et de distributeur de peinture a toujours été étroitement lié au papier peint. Un département Papier Peint est créé à Versailles dans les années 60 et la société devient au fil des ans un partenaire privilégié d'Essef et Abelia. Elle distribue leurs produits tant aux entreprises de peinture qu'aux magasins de décoration, constitue un stock de papiers peints regroupés par thèmes, comprenant cent-cinquante références par collection, chacune de celles-ci étant destinée à plus de trois mille clients. La société Paille est également membre du C.A.D., la plus ancienne centrale d'achats française regroupant des grossistes indépendants. Après l'ouverture de l'agence de Corbeil en 1961, l'installation du siège administratif à Saint-Chéron en 1970, les locaux de Versailles deviennent un dépôt assurant la vente des peintures à la marque ONIP, des revêtements de sols et murs. Entre 1980 et 1990, l'entreprise rachète la Société Krug à Mantes/Buchelay, puis la S.P.B. à Chartres/Lucé et reprend des anciens locaux de l'ONIP à Beaumont-sur-Oise, celui de la société Mercier Godefroy à Rouen en 1986 et de la S.E.P.R. à Reims, crée l'agence de Montreuil (Seine-Saint-Denis). Pascal Hoareau et Marion Paille, gendre et fille de Michel Paille, dirigent l'un des derniers groupes privés de grossistes indépendants de la profession depuis 1994. Ils se trouvent aujourd'hui à la tête de dix-huit dépôts de l'usine Les Peintures Safe, d'environ deux cents collaborateurs et de dix-huit agences.

1. Les fils d'André Paille, collection *Trianon* 1, 1976.
2. ESSEF Mesonyl, Les fils d'André Paille, collection *Trianon* 1, 1976.
3. Les fils d'André Paille, collection *Trianon 1*, 1976.

174

1

2

Jean-Baptiste LETOURMY

Né à Brainville, diocèse de Coutances, en 1747, Jean-Baptiste Letourmy est mentionné pour la première fois parmi les libraires orléanais[1] en 1775, place du Martroi. Sa firme est ainsi présentée : « Letourmy, libraire, place du Martroi, 39, du côté du Barillet, chez lequel on trouve un assortiment divers de papiers peints, papier tontisse et tout ce qui concerne la dominoterie[2] ».
À sa mort à Paris en 1800, son fils Jean-Baptiste – Adolphe lui succède. Actif jusqu'en 1812, ce dernier fit surtout des images en rééditant les bois anciens. La dominoterie des Letourmy est prospère et compte pas moins de 330 numéros. Elle a plus de cent dépositaires répartis en une soixantaine de villes. à Tours et Blois, grâce à l'implantation commerciale des frères de Jean-Baptiste, ainsi qu'à Paris, Avignon et Lille.
Sa marque est « ORLEANS CHEZ LETOURMI » ou « LETOURMY ».

LEVASSEUR

Dessinateur, il fournit des modèles de papier peint pour la plupart des manufactures parisiennes, en particulier pour Desfossé et Karth en 1882.
Il est récompensé d'une médaille d'argent à la 7e Exposition organisée au Palais de l'industrie en 1882 par l'Union Centrale des Arts Décoratifs où il est présenté comme « collaborateur libre » par les fabricants de papier peint Croissant et Danois.

Édouard LIEVRE

Peintre de genre, graveur, aquarelliste et dessinateur, élève de Thomas Couture, Édouard Lièvre expose au Salon de 1855 à 1868. En 1873, il rédige un ouvrage Works of Art in the Collections of England. À partir de 1875, il crée des meubles et des objets d'art.
Auparavant, entre 1861 et 1866, il dessine des papiers peints d'inspiration pompéienne pour la manufacture Zuber. Il semble avoir également travaillé pour Desfossé et Karth.

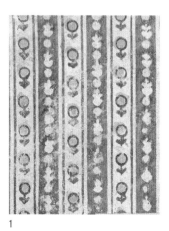

1. Le Tourmy fabricant, XVIIIe siècle.
2. Levasseur dessinateur, vers 1880.
3. Le Tourmy fabricant, vers 1775.
4. Le Tourmy fabricant, vers 1775.
5. Levasseur dessinateur, 1865-1875.
6. Lièvre dessinateur, 1860-1870.
7. Lièvre dessinateur,1860-1870.
8. Levasseur dessinateur, 1865-1875.

1

2

3

4

5

6

7

8

LINCRUSTA WALTON FRANCAISE

Installée 17 rue Lafayette, la société a un magasin de vente 18 rue du Vieux-Colombier de 1885 à 1899.

Elle propose : « Produits brevetés. Tentures murales imperméables avec dessins en relief plein. Bordures, moulures, panneaux, lambris, frises, galons. Décorations riches imitant les cuirs, les faïences… »

En 1881, Lincrusta Walton[1], 8 place Vendôme à Paris, représentée par Clément Carrier-Belleuse, sous-directeur, est enregistrée au greffe du tribunal de commerce. Lincrusta française est mentionnée dans l'*Almanach* de 1895. La Compagnie Lincrusta Walton française fabrique des tentures murales et panneaux[2] à Pierrefitte (Seine) en 1898. La société anonyme Lincrusta Walton française[3] dont le siège est 14 rue Étienne Marcel à Paris, dépose la marque Loreïd en 1899, Luo[4] en 1905. La Société anonyme Loreïd à Paris, 14 rue Étienne Marcel, tentures murales lavables, similicuirs, pour ameublement, maroquinerie etc. linoleum & tous articles de leur fabrication[5], prend la marque Supra, simili cuirs pour ameublement, tentures murales, linoleum et tous articles de leur fabrication, en 1911.

La Cie Lincrusta Walton française, fabricant de tentures murales et panneaux, 10 rue de la Pépinière à Paris, dépose Lincrusta[6] en 1913 et 1928. Lincrusta Walton française & Loreïd réunis prend les marques Loréol[7] en 1918, Deïlor et Silka[8] en 1921, les tentures murales Lincrustoïd[9] en 1927, Papier nippon[10] en 1928

La société Lincrusta Walton française & Loreïd réunis[11], 10 rue de la Pépinière à Paris, est enregistrée pour ses tentures murales, simili-cuir en 1921 et 1929.

À Paris, en 1925, « l'Exposition de la Compagnie Lincrusta Walton comprenait des modèles de revêtements de toute sorte. On remarquait notamment une restitution quasi totale du bois de chêne noir, à veines claires. Cette manière semble devoir requérir l'attention des ensembliers ; elle peut servir de revêtement à des meubles, à des surfaces murales & accroître leur durée[12]. » Ses collaborateurs sont Tourtin, directeur artistique, Süe et Mare, H.-A. Thomas pour les tentures.

La Compagnie Lincrusta-Loreïd, fabricant, 21 rue Desrenaudes est listée pour ses revêtements muraux dans le catalogue officiel de l'Exposition internationale des arts et techniques de Paris en 1937.

1. Lincrusta Walton française fabricant.
2. Lincrusta Walton française fabricant.
3. Lincrusta Walton française fabricant, vers 1900.

1

2

3

Jean LURÇAT

Peintre, créateur de cartons de tapisseries, graveur, lithographe, illustrateur, céramiste, Lurçat étudie auprès de Victor Prouvé à Nancy puis du graveur Pierre Naudin à Paris. Il expose au Salon des Indépendants et au Salon des Tuileries dès 1920. Il apparaît comme le réformateur de la tapisserie artisanale puis industrielle après sa rencontre avec Tabard à Aubusson et dessine des papiers peints pour Pierre Chareau en 1924.

LZC

En 1998, après des études communes à l'école Duperré, Vanessa Lambert, Barbara Zorn et Michaël Cailloux collaborent pour la première fois. En 2001, ils créent l'atelier LZC installé à Montreuil-sur-Seine. La Société française des papiers peints fait appel à leur talent pour concevoir une collection de papiers peints, *Noir & Blanc*, éditée en 2005. Au Salon *Scènes d'intérieur* de janvier 2006, LZC présente deux papiers peints sous sa propre marque.

1. *Les fusées*, Jean Lurçat dessinateur, 1927.
2. LZC dessinateur et éditeur, ESSEF fabricant, 2005.
3. LZC dessinateur et éditeur, ESSEF fabricant, 2005.
4. *Les Mazeraies*, Jean Lurçat dessinateur, 1927.
5. Petru, Jean Lurçat dessinateur, 1927.
6.*Celui qui aime écrit sur les murs*, Jean Lurçat dessinateur, 1927.
7. Jean Lurçat dessinateur, 1927.

1

2

3

4

5

6

7

MADER

MADER FRÈRES

MALAINE

MARCHAND

MARE

MARGUERIE

MARROT

MARTINE

MAUNY

MÉRII

MÉRY

MESSENER

MODEL

MONGIN

MONTECOLINO

MORISOT

MULLER

MYRIAM

MADER

Xavier Mader abandonne la manufacture Dufour et Leroy pour s'établir à son compte, avec un ancien commis de Simon nommé Vennet, en janvier 1824. Mader et Vennet s'installent alors 176 rue de Charonne. « Le genre de leur fabrication est principalement celui des devants de cheminées et dessus de portes, dont ils sont toujours bien assortis, en sujets pieux et autres ; des bordures et ornements riches, veloutés et dorés, ainsi que des tentures également dans le beau. M. Mader ayant été pendant treize ans dessinateur de la maison Dufour, aujourd'hui Dufour et Leroy, est l'auteur actuel des productions de sa maison[1]. »

L'association étant dissoute en juin 1825, Xavier Mader assure seul la direction de la fabrique. Mais il décède prématurément en 1830, son épouse reprend alors la direction de l'entreprise située 1 rue de Montreuil à partir de 1833. À la mort de Xavier Mader, la raison sociale devient Veuve Mader, puis Mader (Vve) et fils aîné en 1839, Mader frères en 1840 et 1841, et enfin Mader jusqu'à son achat par Jules Desfossé en 1851. À l'Exposition des produits de l'industrie française de 1827, « M. Mader est mentionné honorablement pour beaux papiers peints. » À celle de 1834, il est rapporté que « Mme Mader a mis à l'Exposition un

décor imitant les bois de citron et d'acajou, enrichis d'incrustations ; un panneau, fond or et blanc, avec des oiseaux coloriés ; un devant de cheminée, d'après une gravure anglaise, et qui rend avec perfection l'effet de la manière noire. L'exécution de ces tentures renfermait de grandes difficultés, qui sont heureusement surmontées ; les dessins ont du goût et de la finesse. […] Le travail occupe 150 ouvriers. Le jury décerne la médaille d'argent à Mme Mader. » Lors de l'Exposition des produits de l'industrie française de 1839, le rapporteur relate à propos de « Madame veuve Mader et fils aîné – De trois décors exposés par cette maison, deux se sont fait remarquer par la pureté des dessins, le choix des couleurs et l'effet général de la composition ; le troisième nous a paru moins heureux à cause de la crudité du rouge et du blanc. Madame veuve Mader a présenté encore une rosace pour plafond, d'une bonne exécution ; elle fabrique toujours des papiers imitant les bois d'ébénisterie, qui ont été signalés par le jury de 1834. Madame veuve Mader s'est montrée digne d'une nouvelle médaille d'argent. »

1. Mader fabricant, vers 1830.
2. Mader fabricant, vers 1825.
3. Mader fabricant, vers 1825.
4. Mader fabricant, vers 1830.
5. Mader fabricant, vers 1825.

1

2

3

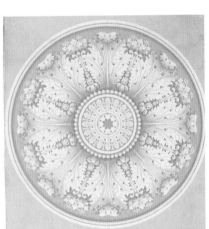

4

5

MADER FRERES

MM. Mader frères, à Paris, rue de Montreuil, 1, faubourg Saint-Antoine

« La maison fondée par feu Mader, dessinateur renommé dans l'histoire du papier peint, continuée sous le nom de Mme veuve Mader et fils aîné, se présente aujourd'hui sous celui de Mader frères.

MM. Mader frères fabriquent des papiers peints depuis 1 franc le rouleau jusqu'aux prix les plus élevés. Ils sont du très petit nombre des fabricants qui prennent la figure humaine pour sujet principal d'un décor. Si les papiers de ce genre ne sont pas recherchés pour tentures des salons les plus élégants, s'il est impossible par la superposition des planches qui servent à les imprimer de fondre les teintes des carnations à l'instar de la peinture, et si sous ce double rapport on ne peut les considérer comme l'expression la plus élevée de l'industrie à laquelle, cependant les papiers de ce genre, au point où MM. Mader en ont porté la confection dans le décor représentant les Muses, attestent une très bonne fabrication, et, en y réfléchissant, il devient clair qu'on ne peut les confectionner avec succès que dans les meilleures fabriques. MM. Mader frères ont exposé deux décors fond vert et un décor fond blanc d'un bon effet de dessin et de couleur. Mme veuve Mader et fils aîné obtinrent en 1839 une médaille d'argent ; l'exposition de cette année rend MM. Mader frères dignes d'en recevoir une nouvelle » lit-on sous la plume de Chevreul[1] en 1844.

Et en 1849, ils s'attirent ce commentaire : « MM. Mader frères, qui ont obtenu deux nouvelles médailles d'argent aux expositions de 1839 et de 1844, exposent cette année plusieurs spécimens de papiers peints imprimés, au nombre desquels le jury a particulièrement remarqué un panneau de décor architectural, d'une exécution qui ne laisse rien à désirer. Mais la composition du dessin est d'un style qui doit nécessairement rendre difficile le placement de ce panneau. Le jury donne à MM. Mader le rappel de la médaille d'argent[2]. »

Jules Desfossé rachète l'entreprise dont il était le directeur commercial depuis 1847 « après y avoir exercé un emploi principal depuis cinq ans », en 1851.

1

2

1. Veuve Mader fabricant, années 1840.
2. Veuve Mader fabricant, années 1840.
3. Mader fabricant, 1830-1840.
4. Mader fabricant, 1830-1840.
5. Mader fabricant, 1851.
6. Mader fabricant, 1851.

3

4

5

6

Joseph Laurent MALAINE

Ce peintre de natures mortes, fleurs et fruits, natif de Tournai, s'est formé auprès de son père. À Paris, il travaille pour les Gobelins à partir de 1785 et réalise plusieurs ébauches pour la Savonnerie. Malaine fournit des modèles de papier peint pour Arthur & Grenard – Arthur & Robert, et sans doute pour Réveillon ainsi que pour les fabricants d'indiennes mulhousiens. Pour échapper à la tourmente révolutionnaire, il accepte la proposition faite par Nicolas Dollfus et vient travailler en Alsace dans sa « deuxième manufacture » consacrée aux papiers peints avec un intéressement au capital de 10%. Sorti financièrement de l'affaire à l'occasion d'un remaniement du capital, il revient sous contrat à partir de 1801. Spécialiste de la fleur, il a fait la réputation de la manufacture Hartmann Risler, devenue Zuber en 1802, dans ses débuts.

MARCHAND

Installé 56 Pont Notre-Dame en 1786, Marchand « tient fabrique et magasin de papier peint et velouté pour ameublement [32 rue de Bondy en 1788 et 1789]. Différents prix remportés par cet artiste à l'École royale de dessin donnent lieu de présumer qu'il est des plus capables de faire exécuter et assortir les étoffes les plus précieuses, de la manière la plus satisfaisante. » Il est 72 rue de la Montagne Sainte-Geneviève en 1813, au 74 en 1815, 138 rue de Charenton, 4 rue Beauveau-Saint-Antoine où il vend des papiers « irisés, satinés, veloutés et dorés [et] fabrique aussi de très jolis dessins en différents genres [à des] prix ordinaires. » de 1819 à 1824. Marchand aîné exerce son activité 3 passage Ménilmontant et 154 rue Oberkampf de 1866 à 1882, 31 rue des Amandiers – Ménilmontant en 1883. Marchand est mentionné 5 rue du Général-Blaise en 1900.

André MARE

Décorateur et peintre, il étudie à l'Académie Julian à Paris. Au Salon d'automne de 1912, il présente la Maison cubiste avec Duchamp-Villon. Il collabore avec Louis Süe en créant La belle France, puis l'Atelier français, et enfin la Compagnie des Arts français, en 1919. Il conçoit des modèles de papier peint[1]. En 1925, le papier peint exposé « enlace dans un réseau de guirlandes les animaux de La Fontaine[2] ».
Après la cession de la Compagnie des Arts français, en 1928, il se consacre à la peinture.

1. J.-L. Malaine dessinateur, Hartmann Risler fabricant, vers 1800.
2. Marchand fabricant, vers 1850.
3. André Mare dessinateur, Compagnie des Arts français éditeur, 1918-1919.
4. J.-L. Malaine dessinateur, Zuber fabricant, 1797.
5. Marchand fabricant, vers 1850.
6. Marchand fabricant, vers 1860.
7. Marchand fabricant, 1860-1869.

1

2

3

4

5

6

7

MARGUERIE

Marguerie est installé 8 rue d'Angoulême-du-Temple et 39 rue Charlot en 1829.

Morisot fils et Marguerie œuvrent ensemble 270 rue du faubourg Saint-Antoine entre 1823 et 1826, et Marguerie, seul, de 1826 à 1841.

En 1844, « M. Marguerie [fils], à Paris, rue de Ménilmontant 79. La fabrique de M. Marguerie date de 1832 mais avant 1841 on n'y faisait que des bordures représentant de la passementerie. Aujourd'hui M. Marguerie imprime de petits dessins au rouleau sur papier pour tenture ; puis, au moyen de planches il imprime des dessins perses[1]. » En 1851, Marguerie expose des « veloutés à effets transparents, quelques-uns de bonne réussite[2] », qui lui valent une mention honorable, tout comme en 1855 où « M. B.-L. Marguerie, à Paris, dont l'établissement, fondé en 1832, emploie de 60 à 70 ouvriers, et dont les produits portent le cachet d'une bonne fabrication[3]. »

Paule MARROT

Diplômée de l'École nationale des arts décoratifs, Paule Marrot dirige dès le début des années 20 la section gravure sur bois des Ateliers d'art sacré. À partir de 1924, elle participe à tous les salons de la Société des artistes décorateurs dont elle est membre actif. P. Marrot est présente à l'Exposition universelle de 1925. Elle fournit des modèles textiles aux établissements Steiner à Ribeauvillé (Haut-Rhin) de 1932 à 1965. Paule Marrot conçoit des esquisses abouties de papier peint pour Nobilis qui les fait imprimer par Dumas et se charge de leur diffusion, dès 1926. Après guerre, elle crée des papiers peints pour Follot, les Papiers Peints de Nancy et à nouveau pour Nobilis qui confie alors leur exécution à Zuber.

Dans les années 1960, P. Marrot assure des conférences à l'École nationale supérieure des arts décoratifs.

Ateliers MARTINE

Les ateliers Martine de M. Paul Poiret, demeurant à Paris, rue du faubourg Saint-Honoré, n° 107, sont créés en 1911 par le couturier, assisté de la femme de Paul Sérusier. Ils sont enregistrés à l'Institut national de la propriété industrielle le 30 juillet 1913. Des adolescentes, sans la moindre formation artistique, dessinent des motifs pour des articles d'ameublement sélectionnés ensuite par Poiret. Il s'agit de tissus, papiers peints, broderies, meubles et panneaux décoratifs. Les papiers peints et partie des étoffes sont imprimés par les manufactures Dumas ou Desfossé et Karth de 1914 à 1926.

1. Marguerie fabricant, vers 1860.
2. Paule Marrot dessinateur, Papiers peints de Nancy fabricant, 1968.
3. Avril, Paule Marrot dessinateur, Nobilis éditeur, Dumas fabricant.
4. Paule Marrot dessinateur, Follot fabricant, 1936.
5. Ateliers Martine dessinateur, 1912.
6. Ateliers Martine dessinateur, Société anonyme des Anciens Établissements Desfossé & Karth fabricant, 1919.
7. Ateliers Martine dessinateur, Société anonyme des Anciens Établissements Desfossé & Karth fabricant, 1919.
8. Ateliers Martine dessinateur, Société anonyme des Anciens Établissements Desfossé & Karth fabricant, 1919.

1

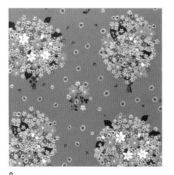

2

3

4

5

6

7

8

MAUNY

André Mauny (1909-1990) après avoir fréquenté l'École nationale des arts décoratifs, s'associe à Robert Caillard en 1933. Leur société, R. Caillard et A. Mauny, installée 25 bis rue Franklin, se destine à la décoration, à la fabrication et à la vente de papiers peints.

Dans le domaine de la décoration, Mauny obtient en 1935 l'aménagement intérieur d'hydravions, travaille avec Air France, à l'équipement de rames sur pneus pour Michelin et de plusieurs trains de luxe, à l'agencement de grands pétroliers.

Dans le domaine du papier peint, resté seul propriétaire de la société en 1937, Mauny utilise le fonds de papiers peints anciens comme source de création, en imprime dans l'atelier qu'il a installé à Montfermeil. Sa clientèle est cosmopolite : française, anglaise et américaine. En 1987, son fils Patrice déménage la société à Thouarcé (49). Elle est reprise par Zuber en 1998.

MÉRII

Signature rencontrée dans les premières années du XIXe siècle sur des esquisses de papiers peints imprimés par la manufacture Dufour en particulier. Il semble y avoir un lien avec Méry qui apparaît sous son propre nom en 1837. Nous savons que, durant la Restauration, Legrand emploie Méry père.

2

MÉRY

Méry est installé 25 Grande-rue-de-Reuilly en 1837. En 1841[1], « Jean Louis Méry, dessinateur et fabricant de papiers peints, 267 rue du faubourg Saint-Antoine et 25 Grande-rue-de-Reuilly forme une société en nom collectif avec son fils aîné Louis Alphonse, dessinateur ». La raison sociale devient Méry fils aîné en 1846, Méry père et fils en 1848, Méry aîné et Vve Méry « fabrique de papiers peints veloutés et dorés ; maison avantageusement connue pour ses articles coloriés d'exportation. Spécialité de décors au rouleau » en 1849. Méry aîné (Alphonse), fabrique de papiers peints, dorés et veloutés, demi-fins, coloriés, articles d'exportation. La marque de fabrique A.-M., apparaît 31 Grande-rue-de-Reuilly en 1852.

En 1865, « le vieil établissement assez vaste mais mal distribué »[2] comptant 27 tables, est déclaré en faillite.

192

1

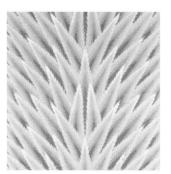

3

1. *Pastorale*, Mauny-Berlène fabricant, Jean Chatanay dessinateur, vers 1937.
2. Méry dessinateur, 1802.
3. Méry dessinateur, Joseph Dufour fabricant, vers 1820.
4. Méry dessinateur.
5. Cosmos, Mauny-Berlène fabricant, Féraud dessinateur, 1962.
6. Soutache, Mauny-Berlène fabricant, Jean Chatanay dessinateur, 1937.
7. Joliette, Mauny-Berlène fabricant, Charles Bardet dessinateur, vers 1948.
8. Chelsea, Mauny-Berlène fabricant, 1962.

4

5

6

7

8

MESSENER

La manufacture de papiers peints et veloutés des associés Messener et Lapeyre est située au 10 puis aux 8 et 10 rue Lenoir. Messener de 1842 à 1850, Messener et fils, successeur de M. Velay, 26 rue saint-Bernard en 1851, 163 rue de Charonne en 1872, dirigent la « manufacture de papiers peints et veloutés, soies et Renaissance ».

« Fondée en l'année 1786, la fabrique de MM. Messener et fils est aujourd'hui la plus ancienne de Paris ; 40 tables d'impression, 130 ouvriers, et une production annuelle de 180 000 rouleaux témoignent de la bonne direction donnée à cet établissement depuis l'année 1822 par leurs propriétaires actuels, et l'élégance ainsi que la bonne fabrication de leurs produits justifient la récompense que leur accorde le jury en leur décernant une médaille de 2ᵉ classe » en 1855. En 1872, J. Petitjean leur succède.

Philippe MODEL

Dès l'âge de 18 ans, Philippe Model, né en 1956, se lance en audidacte dans la création d'accessoires de mode, et plus particulièrement dans celle de chapeaux, de chaussures et de sacs. Il ouvre une boutique place du marché Saint-Honoré, lieu incontournable dans le milieu de la mode. Il conseille l'Italien Gaiera, dans ses gammes de couleurs. Il collabore à des événements, organise des expositions et des vitrines pour Chanel, le Printemps ou Bloomingdales, Pierre Frey ou la galerie Sentou car, désireux d'élargir son champ d'actions, il s'intéresse également à la décoration intérieure. Il crée ainsi les gammes de couleurs des magasins Ressource à Paris et coopère avec des journaux de décoration. Il enregistre des émissions de décoration. Il a publié deux livres ; le premier d'entre eux *Métamorphoses* traite de la transformation des espaces intérieurs. Fort sensible au papier peint, Philippe Model fournit une esquisse à la galerie Sentou en 2004 et élabore une collection pour la boutique *Au fil des couleurs* en 2007.

1. Philippe Model dessinateur, 2007.
2. Philippe Model dessinateur,
galerie Sentou éditeur, 2004.
3. Philippe Model dessinateur, 2007.
4. Philippe Model dessinateur, 2007.
5. Philippe Model dessinateur, 2007.
6. Philippe Model dessinateur, 2007.
7. Philippe Model dessinateur, 2007.

1

2

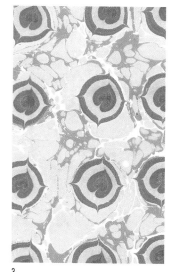

3

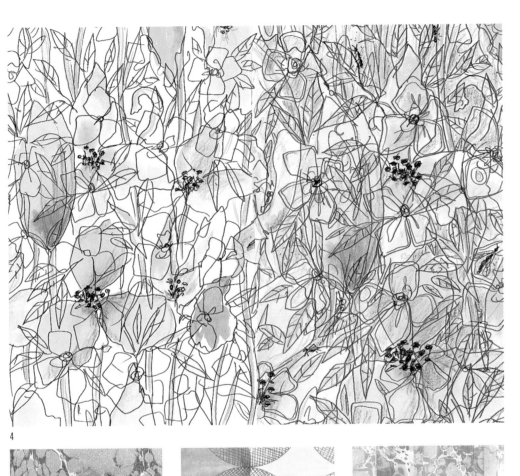

4

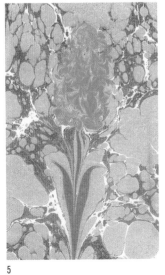

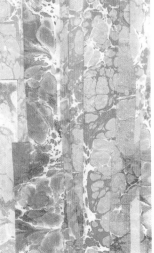

5

6

7

Pierre Antoine MONGIN

Peintre, peintre à la gouache, aquarelliste et graveur, il étudie à l'Académie des beaux-arts de Paris, expose aux Salons de 1791 à 1824. Il est engagé par la manufacture Zuber en 1802 pour concevoir des papiers peints panoramiques. Il dessine les *Vues de Suisse* (1804), les *Vues de l'Hindoustan* (1808), l'*Arcadie* (1812), la *Grande et la Petite Helvétie* (1815 et 1818), les *Vues d'Italie* (1819), les Lointains et les *Jardins français* (1822).

MONTECOLINO

Cet éditeur-importateur fait partie du groupe Décoralis tout comme Ugepa, SCE Lutèce et Belgravia.

Héritier des activités des Usines Peters-Lacroix, il est devenu, après une diversification dans les aiguilletés pendant les années 1980, un acteur important du marché français pour la vente sur collection haut de gamme dans le circuit traditionnel.

Il est installé sur l'ancien site UPL, 17 rue Eugène Pereire à Ballancourt-sur-Essonne (91).

MORISOT

En 1797, Morisot crée une manufacture de papiers peints. Son fils aîné, Nicolas (1808-1832), prend sa suite. « Cette maison fabrique des papiers peints et veloutés, décors à figures et à fleurs, bordures passe-partouts à draperie et à fleurs, palmes bleu et vert fins, bordures veloutées et non veloutées, charmilles à fleurs et sans fleurs. On y trouve un grand assortiment de devants de cheminée et dessus de porte. Tous les articles qui sortent de cette manufacture sont bien fabriqués ».

1. *Les vues de Suisse*, P.-A. Mongin dessinateur, Zuber fabricant, 1806.
2. Montecolino éditeur, collection *Actuels classiques*.
3. Morisot ?, XIXᵉ siècle.
4. Morisot ?, XIXᵉ siècle.
5. Montecolino éditeur, collection Unis, 2001.

1

2

3

4

5

Édouard MULLER

Peintre et lithographe formé par le dessinateur Jean-Baptiste Lebert, Édouard Muller (1823-1876) est issu d'une famille de dessinateurs et graveurs actifs depuis le XVIIIe siècle.

Il fournit des modèles de papier peint à la manufacture Zuber dès 1840, s'installe à Paris en 1845. Associé au peintre et dessinateur pour étoffes Ladvèze[1] jusqu'en 1848, il produit de nombreux dessins pour le papier peint et les étoffes imprimées. Müller, surnommé Rosenmüller, se fait « remarquer par la supériorité de son talent puisé aux sources d'une belle étude de la nature et de la perspective dans le dessin. Ses productions ont toujours montré cette grâce distinguée qui firent rechercher ses œuvres par les premiers fabricants de France et d'Angleterre »[2]. À partir de 1852, il collabore avec Jules Desfossé, en particulier lors de l'Exposition de 1855 où il reçoit une médaille de première classe.

En 1862, les industriels « verraient avec reconnaissance leur collaborateur le plus distingué, honoré d'une récompense si bien faite pour exciter, parmi [leurs] dessinateurs industriels une noble et fructueuse émulation [car] à toutes les expositions internationales, les œuvres hors ligne de M. Müller ont puissamment contribué à assurer à [leurs] fabriques de Lyon, de Mulhouse et de Paris, une suprématie incontestée au point de vue du goût et de la magnificence du dessin ».

Henri Muller (1850-1886), le fils aîné d'Édouard Müller, également dessinateur pour papiers peints, épouse en 1883 Julie Desfossé, la fille du manufacturier Jules Desfossé, et travaille dans la manufacture de son beau-père.

MYRIAM

Léon François Orliaguet ouvre une boutique pour la vente de papiers peints à l'enseigne Myriam en mai 1925[1].

Sa fille Myriam Lejeune lui succède et vend, en 1974, les meilleures collections de papier peint dans son magasin du 14 rue Étienne-Marcel. Elle importe d'Angleterre les papiers Coloroll et les créations de David Hicks. Elle a l'exclusivité des papiers peints Sanderson.

La boutique Myriam, après avoir été cédée à Georges Lafoy en 1990, ferme définitivement l'année suivante. Son nom est racheté par Zuber et le fonds de commerce transporté 5 boulevard des Filles-du-Calvaire.

1. Henri Muller dessinateur.
2. Edouard Muller dessinateur.
3. *Passion flower*, Myriam éditeur, collection *Coloroll*.
4. Edouard Muller dessinateur,1850-1870.
5. Edouard Muller dessinateur.
6. Edouard Muller dessinateur.
7. Edouard Muller dessinateur.
8. Myriam éditeur, collection *Coloroll*.
9. Myriam éditeur, collection *Coloroll*.
10. Diagonal, Myriam éditeur, collection *Modern time 2*, Vallo éditeur (Norvège).

198

1

2

3

4

5

6

7

8

9

10

NOBILIS

PAPIER PARISIEN

PAPIERS PEINTS DE FRANCE

PAPIERS PEINTS DE NANCY

PAPIERS PEINTS DE ROCROY

PAPILLON

PAPYRUS

PAULOT CARRÉ MARSOULAN

PELLÉ

PERDOUX

PETERS LACROIX

PETITJEAN

PETTIER

PIGNET

POLICH

PORTEL

POTERLET Henri

POTERLET Victor

PROUST

PRUD'HON

NOBILIS

Depuis 1928, Adolphe Halard, formé chez Sanderson puis Le Mardelé, se livre à la vente de papiers peints importés d'Allemagne, d'Angleterre et d'Autriche, ou provenant du fonds de Xavier Heibel, commerçant en papiers peints à qui il a racheté la boutique située 29 rue Bonaparte. En 1935, Halard investit les bénéfices réalisés dans l'édition de papiers peints d'artistes imprimés à façon chez Paul Dumas, Gauthier ou Turquetil. Il sort une nouvelle collection tous les deux ans, proposant directement sa production aux clients à l'enseigne Nobilis – papiers peints de distinction. Pour ce faire, il fait appel à des artistes spécialisés comme René Gabriel, Paule Marrot, Charles Portel, Jean Gourmelin ou Suzanne Fontan, à des peintres, des graveurs, des dessinateurs de mobilier, un peintre verrier, un professeur de l'École nationale des arts décoratifs, tels Suzanne Fourcade, Pierre Lardin, Jacques Le Chevalier… Après guerre, sous l'impulsion de Suzanne Fontan, Nobilis édite ses premiers tissus assortis aux papiers peints. En 1952, est créé Suzanne Fontan S.A. au sein de la société Nobilis. Les enfants d'Adolphe Halard secondent bientôt leur père : Jean à partir de 1955, François en 1957, Anne-Marie en 1964, et enfin en 1973 Denis qui dirige toujours la société. En 1965, les secteurs papiers peints et étoffes génèrent un chiffre d'affaires comparable mais au fil des ans, surtout sous la direction de Denis, le tissu va occuper la première place. En 1976, Nobilis international est créé et installé 40 rue Bonaparte. Papiers peints et tissus importés en exclusivité du monde entier, papiers paille coréens ou japonais, papiers peints traditionnels imprimés à la machine, impressions au cadre plus contemporaines, décors en panneaux, papiers peints panoramiques, trompe-l'œil sont proposés dans deux magasins et quatre boutiques employant cent personnes et dans neuf mille points de vente dans le monde. Dans les dernières années du XXᵉ siècle, Denis Halard, perpétuant la tradition paternelle, ne craint pas de recourir à de jeunes talents tels Robert Le Héros, Valéro et d'autres encore, pour offrir de nouveaux papiers peints à sa clientèle, aidé en cela par Michèle Brimant coloriste assurant le rôle de directeur artistique de 1972 jusqu'en 2002. En 2007, quasiment quatre-vingts années d'activité font de Nobilis le plus ancien éditeur en ameublement parisien.

1. *Il rêvait à son tour*, Nobilis éditeur, Robert Le Héros dessinateur, 1998.
2. *La belle que voilà*, Nobilis éditeur, Suzanne Fontan dessinateur.
3. Nobilis éditeur, Jean Gourmelin dessinateur, 1948.
4. Nobilis éditeur, S. Baron dessinateur, Dumas fabricant, 1937.
5. Nobilis éditeur, 1951.
6. Pucelle, Nobilis éditeur, Suzanne Fontan éditeur, collection *Douce France* nᵉ 1, 1964.
7. Nobilis éditeur, 1951.
8. Nobilis éditeur, 1951.

1

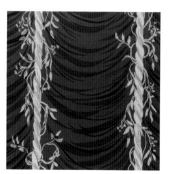

2

3

4

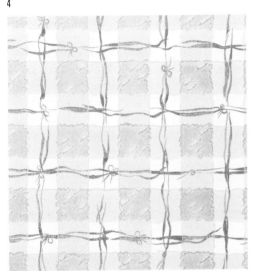

5

6

7

8

PAPIER PARISIEN

La société dite Papier parisien, installée 31 rue Vassou à Clichy-la-Garenne (Seine), est fondée en 1922 par H. Aubry. L'entreprise dépose la marque Floralyx[1] pour les papiers peints en général et papiers de toutes sortes, Rustyx[2] en 1929, Néocolor[3] en 1933.

1

PAPIERS PEINTS DE FRANCE

Sont groupés sous ce titre général, après la Seconde Guerre mondiale, les adhérents de la chambre syndicale des Fabricants de papiers peints de France, 12 rue Pavée, à Paris dans le IVe arrondissement, à savoir : Desfossé et Karth, Paul Dumas, la Fabrique parisienne de papiers peints, Ch. Follot, Gaillard-Motel, J. Gauthier, J. Grantil, Paul Gruin, A. Hans et Fils, Les Papiers peints de Nancy, Lincrusta, les Papeteries de Ballancourt, le Papier parisien, la Société d'expansion du papier peint, la Société des papiers peints Brépols, Turquetil (A.M.T.), les Usines Mérou, les Établissements Verkindère et Cie, Zuber et C[ie1].

La société anonyme Viacroze, 28 rue Richelieu à Paris, papiers peints et succédanés de tentures murales[2], apparaît sous ce label en 1929 et 1930[3] ainsi que la marque Oncle Sébastien[4] de cette même société anonyme Viacroze.

2

PAPIERS PEINTS DE NANCY

La société Les Arts graphiques modernes[1], place de la Gare à Jarville (Meurthe-et-Moselle), enregistre la marque Papiers peints de Nancy en 1921.

En 1949, la marque Pinpan[2] est apportée, la publicité : « Les papiers peints de Nancy, le printemps au logis, usine à Jarville-Nancy [diffusée, et, vers 1967] Les papiers peints de Nancy 54 Jarville présentent le papier peint intégralement lavable Vinylux et Sanracor. »

La collection *Style Deb's* est éditée en 1968-1969[3].

1. Papier Parisien, Leroy fabricant, vers 1930.
2. Leroy fabricant, vers 1950 ?.
3. Grantil fabricant, 1926-1927.
4. Papiers peints de France, vers 1925.
5. Grantil fabricant, 1938-1939.
6. Papiers peints de France, vers 1925.
7. Papiers peints de France, vers 1925.
8. Papiers peints de Nancy fabricant, Annie Chazottes dessinateur, collection *Style deb'*, 1968-1969.
9. Papiers peints de Nancy fabricant, Annie Chazottes dessinateur, collection *Style deb'*, 1968-1969.
10. Papiers peints de Nancy fabricant, collection *Liberty*, 1975-1976.
11. *Troika*, Papiers peints de Nancy fabricant, Zofia Rostad dessinateur, collection *Style deb'*, 1968-1969.
12. Groupuscules, Papiers peints de Nancy fabricant, Annie Chazottes dessinateur, collection *Style deb'*, 1968-1969.
13. Papiers peints de Nancy fabricant, collection *Liberty*, 1975-1976.
14. *Olga*, Papiers peints de Nancy fabricant, collection *Liberty*, 1975-1976.

3

4

5

6

7

8

9

10

11

12

13

14

PAPIERS PEINTS DE ROCROY

La société créée en 1933 par Paul Jouan, devenue S.A.R.L. puis S.A., s'est préoccupée dès sa création de mettre à la disposition des entreprises des collections de papiers peints différentes de celles proposées sur le marché. Jacques Jouan rejoint la société en 1948. En 1958, un contrat d'exclusivité avec une fabrique milanaise fait venir au magasin des décorateurs amateurs d'art contemporain et donne un nouvel essor à la maison. La même année, un accord, renouvelé pendant une vingtaine d'années, est signé avec la S.N.I. pour la fourniture de papiers peints et peinture à l'ensemble des militaires logés dans la région parisienne. Depuis 1972, l'actuel directeur, Jean-Alain Jouan, a développé les contacts avec les entreprises artisanales. La société papiers peints Rocroy a rejoint en 2000 la société Mulin dirigée par Gérard Martino.

PAPILLON

Jean Papillon (1639-1710), graveur et chimiste de formation, est le premier de cette famille d'origine rouennaise à s'installer à Paris comme graveur sur bois, rue Saint-Jacques, en face de la fontaine Saint-Séverin. Il prépare des couleurs pour le papier peint et lui donne une impulsion qui ne se ralentit plus. Son fils Jean II (Saint-Quentin, 1661-Paris, 1723), graveur également, invente le dessin à raccord, ce qui va permettre d'assembler une tenture complète et lancer, vers 1688, la mode des « papiers de tapisserie qu'il savait poser avec beaucoup de goût, d'art et de propreté ». Jean-Michel Papillon (1697-1776), le petit-fils, le plus célèbre de la dynastie, s'initie très tôt au métier familial qu'il pratique dans toutes ses phases : il grave les planches, imprime et enlumine les papiers, va « dans les maisons de condition les coller et mettre en place ». À l'âge de 9 ans, il au-

rait gravé sa première planche d'après un dessin de son père, des pavots et liserons[1].

Vers 1740, aux dires de Pierre Gusman[2], Jean-Michel Papillon cessa la fabrication des papiers de tenture pour se livrer à la préparation de son traité ainsi qu'à l'impression de vignettes. Il est en effet l'auteur du *Traité historique et pratique de la gravure sur bois* (1756) et d'une série de sept lavis pris sur le vif dans l'atelier de la rue Saint-Jacques, destinés à illustrer la fabrication et la pose des papiers de tenture dans l'*Encyclopédie* de Diderot et d'Alembert, mais jamais publiés.

Le Département des papiers peints du musée des Arts décoratifs conserve des fragments d'un décor à architecture, en épreuve et contre-épreuve, spécialité des Papillon, datable des années 1715, portant la marque « A PARIS RUE ST JACQUES VIS À VIS LA FONTAINE DE ST SEVERIN ».

1

2

3

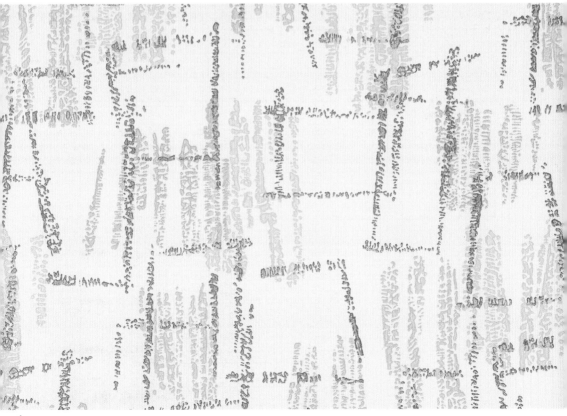

4

1. Les papiers peints de Rocroy marchand, *Sélection 75*, 1975 - 2. Papillon fabricant, vers 1715
3. Les papiers peints de Rocroy marchand, 1975 - 4. Les papiers peints de Rocroy marchand, 1975.

PAPYRUS

L'agence Havas, 13 place de la Bourse à Paris, dépose la marque Papyrus[1] en 1928. La société Papyrus[2] dont le siège se trouve 2 rue Jean-Pierre Timbaud à Paris, propose, en 1948, papiers peints, peintures, colorants pour tentures murales.

Papyrus, distributeur en gros et demi-gros de la production française, [assurant] service [de] pose [et fournissant les] entrepreneurs, est installé 26-28-30 rue Philippe de Girard, Paris X[e] en 1967.

PAULOT
CARRÉ MARSOULAN

En 1813, « on trouve dans cette fabrique [située 5 cul-de-sac de Reuilly[1] – faubourg Saint-Antoine] des papiers peints et veloutés pour tentures ; paysages, figures, fleurs, bordures, devants de cheminée, etc. »[2]. Paulot-Carré, successeur de Basset, siégeant 1 rue des Mathurins devient Paulot et Cie de 1825 à 1828, Paulot et Carré de 1828 à 1838.

Paulot, actif 3 Petite rue de Reuilly-Quinze Vingts depuis l'an XII (1804) et sans doute même avant l'an V[3], est mentionné 5 rue et cul-de-sac de Reuilly en 1805, 13 Petite-rue-de-Reuilly en 1812. En 1826, Paulot jeune apparaît 29 cour Saint-Martin, Paulot fils est établi 7 boulevard du Temple. Carré et Cie s'affiche 5 Petite-rue-de-Reuilly et cul-de-sac de Reuilly de 1824 à 1826. Devert succède à Paulot et Carré en 1841. Marsoulan (J.- Henry) – Manufacture de papiers peints, veloutés et dorés, œuvre 36 rue de Reuilly en 1842, 40 rue de Reuilly de 1852 à 1854, tout comme Marsoulan (J.-H.) et Carré de 1855 à 1862. Marsoulan H. fils s'établit, de 1863 à 1881, 90 rue de Paris à Charenton (Seine) où il possède une usine à vapeur et annonce « Spécialité pour l'exportation. Papier peints, fantaisies, cartes géographiques, impressions typoplastiques ».

1. Paulot fabricant, 1809.
2. Carré fabricant, vers 1825.

1

François PELLÉ

François Pellé est mentionné comme fabricant de papiers peints dans les almanachs orléanais. Il exerce de 1774 à 1780 environ, rue de Recouvrance et est signalé rue de Bourgogne en 1781. Il est l'auteur de papiers peints fort décoratifs.

Sa marque est : « A ORLÉANS CHEZ PELLE »

PERDOUX

Pierre-Fiacre Perdoux s'établit à Orléans après avoir été garçon de magasin chez Sevestre. Dès 1773, il figure comme libraire place du Martroi. En 1779, il est fabricant d'images et de papiers peints. En 1780, Perdoux achète à Sevestre son fonds et ses bois gravés. En 1781, il habite rue Royale. Il cède sa librairie en 1783 pour se consacrer uniquement au commerce de papiers peints et de dominote-

rie. En 1786, il fabrique des papiers d'indiennes dans la maison des chevaliers du Guet, à Orléans, et exploiterait alors la fabrique de papier de Meug-sur-Loire. En 1805, il transmet son commerce à sa fille mariée à Robert Frédéric Huet. Il meurt vers 1824.

Ses modèles sont numérotés au moins jusqu'au numéro 512. Sa marque est « A ORLEANS CHEZ PERDOUX ».

1. Pellé fabricant, 1774-1780.
2. n° 392, Perdoux fabricant, 1773-1805.
3. n° 382, Perdoux fabricant, 1773-1805.

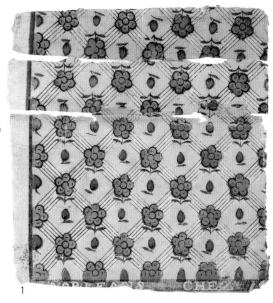

1

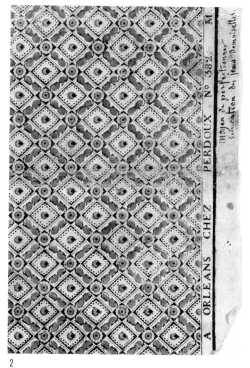

2

ORLEANS CHEZ PE

PETERS LACROIX

En 1867, Alphonse Lacroix (1845-1877) achète à Pattey, un américain associé à Bezault à Paris de 1867 à 1878, un atelier d'impression à la planche. À sa mort, sa veuve assure le fonctionnement de l'entreprise avec l'aide d'un collaborateur, Herman Peters, qu'elle épouse en 1879. La manufacture de papiers peints s'établit à Haeren en 1884. Détruite par un incendie en 1901, l'usine est reconstruite et devient les Usines Peters-Lacroix[1], société anonyme, en 1902. Elle double sa production entre 1895 et 1903, et une seconde fois en 1914.

UPL restera une affaire familiale jusqu'en 1967. Elle possède alors une usine à Ballancourt (Seine-et-Marne). Elle ferme en 1979[2].

La société anonyme des usines Peters-Lacroix Haren (Belgique) U.P.L. papiers peints dépose les marques Néophanie[3], Vitrauphanie et Lincrusta[4] en 1910, Brocatine[5] en 1913, Sanolin[6] en 1915.

PETITJEAN

En 1871, Joseph Petitjean succède à Messener dont il était l'employé, 26 rue Saint-Bernard à Paris. En 1882, une annexe fonctionne 1 rue de Fontenay à Vincennes. En 1890, Petitjean s'établit dans une usine qu'il fait construire rue Fabre d'Églantine, où fonctionnent la machine à 24 couleurs installée en 1888 et treize autres machines, un atelier d'impression à la planche, deux balanciers pour les cuirs repoussés. Il brevète des tentures métalliques directement traitées sur cuivre ou zinc. Il peut annoncer alors : « Grande spécialité pour le bâtiment et grand choix d'articles riches pour ressortir aux meubles ; commission ; exportation, gros et détail spécialité de dorés et vernis à la machine. Fabrication à la planche, imitation des vieux cuirs repoussés de Cordoue, Malines. Fonds unis, mats et veloutés. Inventeur des tentures métalliques. » En 1889[1], Petitjean expose des papiers peints fabriqués à la machine dessins de deux mètres de haut dont le *Décor japonais* récompensés d'une médaille d'argent. En 1900, « on remarquait notamment dans sa magnifique Exposition : 1er un dessin pour salon, style Louis XV, repoussé à la plaque ; 2e un dessin pour salle à manger, style nouveau, également repoussé ; 3e un décor art moderne, avec coins et montants haut et bas fabriqué à la planche. » Enfin, la maîtresse page de l'Exposition, le décor *La Journée*, fabriquée entièrement à la machine[2]. Un incendie en 1900 détruit tout sauf la machine à 24 couleurs ; l'usine est reconstruite. À sa mort, en 1903, son fils lui succède jusqu'en 1911, année où il vend usine à Seigneuret[3]. Celui-ci s'associe à Dauchez sous le titre Petitjean et Dauchez. Petitjean fils introduit la fabrication au pochoir. Plusieurs marques sont déposées en 1904[4]. Dauchez, resté seul, constitue une société à capital limité sous le titre d'Ancienne maison Petitjean, Dauchez et Seigneuret transformée en société anonyme D.S. Novitas[5] en 1929. D.S. Novitas est reprise en 1933 par la Fabrique parisienne de papiers peints.

1. *La journée*, Petitjean fabricant, 1900.
2. Peters Lacroix fabricant, collection *Ile-de-France*, 1965.
3. Peters Lacroix fabricant, vers 1925.
4. Peters Lacroix fabricant, vers 1930.
5. Peters Lacroix fabricant, collection *Ile de France*, 1975.

1

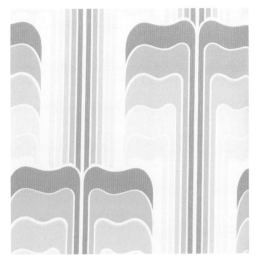

2

3

4

5

Colette PETTIER

Peintre et graveur cette élève de l'École nationale des arts décoratifs de Paris, expose au Salon des Indépendants[1], aux Salon des artistes décorateurs et au Salon d'automne[2]. Elle crée des papiers peints, des étoffes imprimées, quelques céramiques.

Colette Pettier, dessinatrice, 80 rue de Prony, Paris, figure dans la classe « Papier peints et revêtements assimilés » à l'Exposition internationale des Arts et techniques de Paris en 1937.

1. Colette Pettier dessinateur, vers 1935.
2. Pignet fabricant, vers 1815.
3. Colette Pettier dessinateur, vers 1935.
4. Colette Pettier dessinateur, vers 1935.
5. Pignet fabricant ?, vers 1840.
6. Pignet fabricant ?, vers 1840.

PIGNET

Saint-Genis-Laval, Rhône. En 1816, Joseph, dessinateur, et Pierre, voyageur de commerce, quittent la manufacture de papiers peints Richoud installée à Saint-Genis-Laval et fondent une entreprise de tableaux religieux peints à l'huile. 1826 marque l'ouverture officielle de la manufacture de papiers peints, établie dès 1822 dans l'ancien couvent des Récollets. En 1833, les frères Pignet se transportent dans les locaux neufs du clos Jordan. En 1834, le fils de Pierre, Auguste, dirige la manufacture et s'associe bientôt à son beau-frère Félix Paliard, négociant de Saint-Étienne.

Ils sont présents à l'Exposition des produits de l'industrie française de 1844 : « Une des fabriques de papiers peints parmi les plus considérables qui existent hors de Paris, est celle de MM. Pignet jeune fils et Paliard ; car elle occupe […] deux cents ouvriers. Si ses produits ne peuvent lutter sous le rapport du bon goût et de la bonne exécution avec ceux qui sortent des premières fabriques de Paris, cette maison a eu le mérite de déterminer un abaissement du prix des papiers communs, par le bon marché de ceux qu'elle confectionne. Le jury décerne à MM. Pignet une médaille de bronze. »

À partir de 1857, la fabrique périclite. En 1868, elle n'emploie plus que vingt-huit ouvriers et ferme en 1870.

1

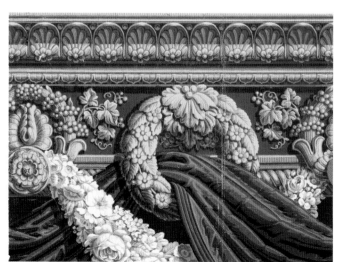

2

3

4

5

6

Martin POLICH

Dessinateur d'ornements, il collabore, en particulier, avec la manufacture Dauptain à laquelle il « fournit [en 1830] de ravissantes imitations d'Huet. […] L'effet est on ne peut plus décoratif, et la manière dont le motif est compris se prête admirablement aux nécessités du papier peint. Les tons peuvent se marquer franchement ; les touches peuvent être amusantes[1] » selon Rioux de Maillou en 1882.

Charles PORTEL

Artiste graveur, il rencontre à Paris des peintres, spécialement à la Grande chaumière, des décorateurs telle Paule Marrot, et des antiquaires. De retour à Vendôme, ce cartonnier de tapisseries se passionne pour le patrimoine local et pratique l'impression de papiers peints au pochoir. Ceux-ci, édités par Nobilis, connaissent un grand succès, en particulier aux États-Unis. Portel fut également conservateur du musée de Vendôme de 1941 à 1950.

Henri POTERLET

Fils de Victor Poterlet, il est graveur de portraits et ornemaniste comme son père. « Le modèle de papier peint de M. Henri Poterlet est un bon dessin, d'un joli et riche caractère, bien exécuté. Ce n'est point de la grande décoration, du moins faudrait-il que l'échelle en fut très modifiée. L'artiste, fils de notre collègue, un des maîtres du genre, est de bonne école ; il sait le prix des agencements de caractère et les combine heureusement. La jeunesse du compositeur se révèle par une tendance à accumuler des détails, qui gagneraient souvent à plus de simplicité, à plus d'isolement les uns des autres. En somme, c'est une prodigalité de riche, et le modèle de M. Poterlet, d'un dessin fort estimable, est d'une production distinguée. » commente Alfred Firmin-Didot lors des concours spéciaux organisés de l'UCAD[1] en 1882.

1. *My Lady*, Charles Portel dessinateur, Nobilis éditeur, vers 1936.
2. *Belle rose*, Charles Portel dessinateur, Nobilis éditeur, vers 1936.
3. *La Malibran*, Charles Portel dessinateur, Nobilis éditeur, vers 1936.
4. Martin Polisch dessinateur, Dauptain fabricant, vers 1837.
5. Henri Poterlet dessinateur, 1864.
6. Henri Poterlet dessinateur, vers 1865.

1

2

3

4

5

6

modestes.

Victor POTERLET

Dessinateur et spécialiste de l'ornement, Poterlet fournit des modèles de papier peint aux manufactures françaises : Balin, Dauptain, Délicourt, Desfossé, Dufour et Leroy, Dumas, Gillou, Lecerf, Sevestre, Zuber, ainsi qu'à l'Allemand Engelhardt. « Poterlet fut aussi un des dessinateurs de la maison Dauptain. La tenture de style Louis XIII, imprimée par Lecerf, lui est due. Combien d'autres motifs ne doit-on pas à ce vétéran de la peinture sur papier : des damas Louis XVI, des tentures Louis XV, un nombre infini de compositions, dans lesquelles le goût et l'érudition se disputent la première place sans qu'il soit possible de résoudre la question[1] ! » Commissaire de la 7e Exposition organisée en 1882[2], son « dévouement a pu faire remonter jusqu'aux origines de sa fabrication en France, le papier peint, ce décor démocratique de nos intérieurs

PROUST

L'usine L. Proust S.A. est située rue d'Estreux, à Saultain, dans le Nord. Les propriétaires en sont pour moitié Alain Proust, pour moitié Foucray France. Elle est équipée de deux machines d'impression flexo, de quatre machines d'impression hélio, de deux graineuses à chaud, de six gaufreuses, et emploie quarante-cinq personnes dans les années 1970-1980. Elle produit des papiers peints, des papiers vinyls, des revêtements en fils posés.

1. Victor Poterlet dessinateur.
2. Proust fabricant.
3. P.-P. Prud'hon dessinateur,
Joseph Dufour fabricant, 1815.
4. Victor Poterlet dessinateur.
5. Victor Poterlet dessinateur.
6. Victor Poterlet dessinateur.
7. Victor Poterlet dessinateur.
8. Victor Poterlet dessinateur, vers 1880.
9. Victor Poterlet dessinateur.
10. Victor Poterlet dessinateur, 1860-1870.
11. Victor Poterlet dessinateur, vers 1820.
12. Proust fabricant, collection *Liberty*.

Pierre-Paul PRUD'HON

Ce peintre d'histoire, de compositions allégoriques et de portraits, étudie à l'École des beaux-arts de Dijon, puis à l'Académie royale de Paris. En 1782, il loge dans la maison Fauconnier, marchand de dentelles. De retour de Rome, en 1789, il subsiste à Paris en réalisant des dessins industriels. Il expose aux Salons de 1808 et 1814 *Psyché enlevée par les Zéphirs*, peinture reprise par Joseph Dufour dans le papier panoramique *L'histoire de Psyché*[1].

1

2

3

4

5

6

7

8

9

10

11

12

Jean-Baptiste RÉVEILLON

Après un apprentissage chez un mercier-papetier, il achète, en 1753, la boutique de son second patron, le marchand-mercier François Maroy, et les marchandises qu'elle contient.

« En 1753, M. de Mirepoix , ambassadeur de France en Angleterre, envoya les premiers papiers veloutés[1] qu'on ait vus à Paris. [...] Personne n'ayant pu parvenir à ajuster, coller et mettre en place ces papiers, le sieur Réveillon en vint à bout et ils firent tant d'effet que les gens de la Cour et les particuliers riches désirèrent d'en avoir. La guerre de 1756 ayant ôté au sieur Réveillon tout moyen de s'en procurer, il imagina [...] de fabriquer lui-même des papiers veloutés et de les établir à des prix inférieurs à ceux des papiers anglais [de sorte] qu'il fut impossible de les faire entrer en concurrence avec ceux de la France après la guerre[2]. » Pour ce faire, il crée un premier atelier à Laigle mais rappelle bientôt ses ouvriers à Paris et les installe dans les dépendances de la Folie Titon. Réveillon « loua de vastes emplacements faubourg Saint-Antoine, employa les meilleurs dessinateurs des Gobelins, fit exécuter leurs dessins [et] venir par voie de Hollande des papiers peints d'Angleterre dont le goût s'introduisait en France et les ayant parfaitement imités, il joignit cette nouvelle branche de fabrication à celle des papiers veloutés. [...] La liberté de fabriquer des indiennes accordée à cette époque attira une multitude d'artistes et d'ouvriers étrangers qui furent indistinctement employés dans les manufactures d'indiennes et dans celles de papiers peints[3]. »

Les affaires prospérant, « le sieur Réveillon a l'honneur de prévenir le public que désirant donner à la manufacture de papiers peints pour ameublement, rue Montreuil, faubourg et près l'abbaye de Saint-Antoine à Paris toute l'extension et la perfection dont elle est susceptible, il a pris le parti de quitter totalement la maison de commerce qu'il occupe ci-devant rue de l'Arbre-Sec pour fixer sa demeure à sa dite manufacture. Il fabrique et vend toutes sortes de papier pour tapisseries[4] ; il vient d'établir son magasin rue du Carrousel, en face de la porte des Tuileries, près de la rue de l'Échelle ou des Fossés, chez le sieur de la Fosse[5]. »

Début 1784, le titre de Manufacture royale « désormais imprimé sur tous les rouleaux qui sortiront de la manufacture[6] » vient récompenser vingt-cinq ans[7] d'efforts et de perfectionnements mais les journées d'avril 1789 vont bientôt sonner la fin de l'ère de Réveillon.

1

2

1. Jean-Baptiste Réveillon fabricant, 1770.
2. Jean-Baptiste Réveillon fabricant, vers 1785.
3. Jean-Baptiste Réveillon fabricant.
4. Jean-Baptiste Réveillon fabricant, vers 1785.
5. Jean-Baptiste Réveillon fabricant, 1784.
6. Jean-Baptiste Réveillon fabricant, 1770.
7. Jean-Baptiste Réveillon fabricant, 1770.

3

4

5

6

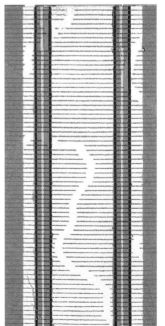

7

RICHOUD

Antoine Richoud est « manufacturier de papiers peints, place Bonaparte, n°1. Sa manufacture est à Saint-Genis Laval[1].» Celle-ci est « plus ancienne que celles de Lyon[2] ». En effet, Richoud débute à La Guillotière, à Lyon, en 1779 et s'installe à Saint-Genis-Laval en l'an V (1797).

« Il y a à Saint-Genis-Laval une manufacture de papiers peints pour tenture des Srs Richoud et Cie : 14 ateliers, tous dans le même local, non compris les magasins, comptoirs et entrepôts, occupent 168 employés dont 2 voyageurs, 2 dessinateurs, 6 commis ou contre-maîtres, 2 coloristes, 2 mélangeurs, 10 graveurs, 2 menuisiers, 44 imprimeurs, 44 tireurs, 9 fonceurs, 12 ligneurs, 3 colleurs, 28 à 30 manœuvres[3]. »

En 1820, la manufacture qui « avait profité de l'école lyonnaise en l'art du dessin et ainsi avait pu rivaliser avec les fabriques de Paris[4] », est dirigée par son gendre.

Martin RIESTER

Dessinateur et graveur, ornemaniste, il a publié *Ornements tirés ou imités des quatre écoles*, quatre cent dix planches dessinées et gravées par Riester et Clerget en 1841-1848 et *Motifs d'ornementation* en 1867. Il a établi des maquettes de bronze, d'objets de bijouterie et de reliures. Il a fourni des modèles de papier peint à plusieurs entreprises françaises, et en particulier à la manufacture Zuber, entre 1840 et 1878.

1

1. Martin Riester dessinateur, milieu XIXe siècle.
2. Martin Riester dessinateur, milieu XIXe siècle.
3. Richoud ?, vers 1810.
4. Martin Riester dessinateur.
5. Martin Riester dessinateur, milieu XIXe siècle.
6. Martin Riester dessinateur, 1864.

2

3

4

5

6

Jules RIOTTOT & PACON

La manufacture de papiers peints Riottot (Jules) et Pacon est installée 73 rue de Reuilly en 1864. Elle annonce des dépôts à Alexandrie et Londres en 1865. Elle apparaît au 75 rue de Reuilly en 1870, au 73 de 1873 à 1884. Lors de l'Exposition universelle de Paris en 1867, leur présentation de « papiers peints, décors et tentures variées » est ainsi qualifiée : « Impossible d'être dans une meilleure voie, éloge aux bons papiers de commerce de MM. Riottot et Pacon[1] », et honorée d'une médaille d'argent. En 1869, le 73 rue de Reuilly est noté comme étant une belle fabrique, avec jolie habitation et beau jardin, […] Cet établissement est bien installé. L'outillage industriel comprend 59 tables[2]. » Auparavant, de 1841 à 1853, Riottot (J.) agît seul au 67 rue de Reuilly, devenue Grande rue de Reuilly en 1853, et au 73 à partir de 1853. Il tient une « fabrique en tous genres, devants de cheminées sur papier et toile cirée, [vante ses] articles pour l'exportation. Paysages dorés, [et sa] spécialité pour bois et marbres à la main[3]. » En 1849, « Les produits de la fabrique de M. Riottot sont de très bonne exécution. S'il n'en est aucun, parmi ceux qu'il expose, qui ait particulièrement fixé l'attention du jury par la nouveauté des procédés, disons que tous se distinguent par un fini d'exécution qui fait honneur à l'habileté du fabricant, et témoignent du zèle qu'il apporte à suivre les progrès de son industrie. Le jury lui décerne en récompense la médaille de bronze. » Riottot (Jules), Chardon et Pacon, 73 Grande rue de Reuilly, « manufacture de papiers peints en tous genres, paysages dorés, spécialité pour bois et marbre à la main, articles pour l'exportation » a pignon sur rue de 1854 à 1863. À l'Exposition universelle de Paris en 1855, ils « présentent de nombreux échantillons qui témoignent d'une fabrication distinguée, déjà constatée par une médaille de bronze obtenue à l'Exposition de 1849. Cette maison, fondée en 1825, est une des premières qui se soit appliquée plus spécialement à l'imitation des bois et marbres ; elle occupe aujourd'hui 120 à 150 ouvriers, et ses produits, destinés en grande partie à l'exportation, donnent lieu à un chiffre d'affaires considérable[4] ». Ils se voient décerner une médaille de 2e classe.

1

2

1. Riottot fabricant, 1855-1865.
2. Riottot & Pacon fabricant, 1860-1870.
3. Riottot fabricant, 1860.
4. Riottot & Pacon fabricant.
5. Riottot fabricant.
6. Riottot & Pacon fabricant, vers 1850.
7. Riottot & Pacon fabricant.
8. Riottot & Pacon fabricant.
9. Riottot & Pacon fabricant, 1865.

3

4

5

7

6

8

9

Hartmann RISLER

Jean-Jacques Dollfus installe à Mulhouse, en 1790, une petite fabrique de papiers peints à l'intention de son fils Nicolas. Enregistrée en 1792 sous la raison sociale Nicolas Dollfus et Cie, elle imprime des papiers peints et commercialise la production des manufactures françaises. Devenue en 1793 Georges Dollfus et Cie, elle prend le nom d'Hartmann Risler de 1795 à 1802, année où Jean Zuber en devient le seul propriétaire, sous le nom d'Hartmann Risler et Cie.

ROBERGUY

Grantil acquiert en 1918 une usine à Villeurbanne (Rhône) par absorption de la maison Jeannot. Après la Seconde Guerre mondiale, Robert Didion (1907-1988) rouvre l'établissement connu sous le nom de Roberguy. En 1950, Guy Sérot nommé gérant et directeur commercial de Grantil devient responsable de l'usine lyonnaise qui produit alors 766 730 rouleaux. Peu après 1955, Grantil fait apport de Roberguy au groupe belge Charles Loos en échange d'actions.

1. Hartmann Risler fabricant, 1797.
2. Hartmann Risler fabricant, 1797.
3. Roberguy fabricant, vers 1945.

1

2

François ROBERT

François Robert est reçu dans la corporation des papetiers le 4 avril 1767. Sans abandonner la papeterie, il fait vite ses preuves en matière de papier de tenture de luxe puisqu'il accède à la clientèle royale dès 1777 : les registres du Garde-meuble le mentionnent régulièrement pour des fournitures de papier de la Chine. Installé à l'enseigne de « l'Empereur de la Chine », il est indiqué dans l'*Almanach des marchands* de 1771 comme tenant magasin de papiers tontisses, veloutés, d'Angleterre et de la Chine, façon d'indienne, etc. » tandis que le même almanach de 1774 précise l'adresse : « Porte Montmartre ». Enhardi et enrichi par son double commerce, il peut mettre la main sur une entreprise de la rue Louis-le-Grand, la manufacture Arthur & Grenard, qu'il codirige à partir de 1789 avec Arthur fils. Il cumule donc une double activité et conserve ses deux adresses jusqu'en 1801. Il annonce alors par voie de presse la réunion de « son magasin de papier du boulevard Montmartre à la maison de commerce rue ci-devant Louis le Grand[1] ». Dès que la tourmente révolutionnaire est passée, la fabrication reprend dans les ateliers du coin du boulevard et de la rue de la place Vendôme (devenue Louis-le-Grand). La production se compose de « dessins ordinaires en fleurs arabesques, paysages, figures d'architecture, bustes, vases antiques, bas-reliefs imitant le bronze et le marbre, figures allégoriques de grandeur naturelle, imitations de sculpture[2] ». En 1796, tout comme en 1803, la spécialité de la manufacture consiste en la fabrication de papiers veloutés unis « imitant le plus beau drap sans couture, orné de riches bordures[3] ». « Robert, successeur d'Arthur, rue de la place Vendôme, au coin du boulevard, à Paris » est distingué à l'Exposition de l'industrie française an V de la République (1797) « pour avoir fabriqué de beaux papiers peints imitant l'étoffe de laine ». L'an IX (1802) ses « papiers veloutés représentant le velours uni, enrichis de bordures veloutés rehaussées d'or. Papier linon et autres papiers de décor, à vases antiques, trépieds, candélabres rehaussés d'or, sur fond de marbre et de granit. » sont remarqués. Il obtient une médaille de bronze à l'Exposition des produits de l'industrie française de 1806. En 1807, ses fils, Robert frères et Cie, se voient accorder un prêt payable par huitième dont seul le premier fut versé comme l'atteste la demande de prorogation de leur successeur[4], Joseph Guillot, qui ne figure plus dans les annuaires après 1814.

1

1. Arthur & Robert fabricant, vers 1797.
2. Arthur & Robert fabricant, vers 1797.

231 —

Albert-Marie RODICQ

Affichiste, dessinateur, Rodicq participe au Salon de l'Imagerie dès 1941. Il y expose des rideaux dans la section tissus en 1942, une robe de jeune fille peinte en 1943, des tissus d'ameublement en 1944, un carton de tapisserie, *Les cinq sens*, en 1946. De 1945 à 1949, il est président de la section B, Souvenirs de Paris, au sein de la section Objet-Souvenir de ce même Salon de l'Imagerie. Il envoie au Salon des artistes décorateurs de 1947 ses deux tapisseries *Les saisons* et *Les cinq sens* éditées par Burthaud à Aubusson (Creuse). Albert-Marie Rodicq a fourni plusieurs projets de papiers peints à la manufacture Follot dans les années 1950-1960.

1. Albert-Marie Rodicq dessinateur, Follot fabricant, 1950-1960.
2. Plafond, Roger fabricant, 1878.
3. Albert-Marie Rodicq dessinateur, Follot fabricant, 1950-1960.

ROGER

Fils d'un fabricant de papiers peints, Jules Roger résolut de s'affranchir de l'élévation croissante du prix de la main-d'œuvre parisienne en fondant, en 1867, à Moineau, commune d'Angy, une fabrique équipée d'une machine à deux couleurs. De 1868 à 1870 Roger et de Roth – spécialité de papiers peints mécaniques – sont installés à Paris faubourg Saint-Antoine et passage du Génie. Ils possèdent une « usine à vapeur à Moineau, près Mouy (Oise) ». De 1871 à 1876, la raison sociale devient Roger (Jules) et E. Mont-Louis. De 1877 à 1882, Roger (Jules) se retrouve seul à la tête de l'entreprise alors qualifiée d'« usine hydraulique à vapeur » et de « fabrique de papiers peints à la mécanique ». J. Roger dépose alors quatre brevets pour des machines de son invention et résout le problème de l'application de la fabrication mécanique à des papiers comportant vingt-quatre couleurs. L'entreprise est récompensée en 1878 pour des « décors, reproduction de tapisseries et grands plafonds à la mécanique ». La manufacture se développant, des locaux plus vastes deviennent nécessaires. Jules Roger acquiert près de là, à Balagny-sur-Thérain, un terrain et y fait édifier, à partir de 1880, une usine de 40 000 mètres carrés avec de grands halls séparés par de larges rues. Une machine à vapeur de 150 chevaux donne le mouvement dans l'ensemble de l'usine. Un hall de cent vingt mètres de long sur cent de large contient une machine à vingt-quatre couleurs, une à douze, une à huit, deux à six et à quatre couleurs. Les divers bâtiments sont occupés en outre par les machines à encoller, à foncer, à vernir, par les tables à imprimer, les malaxeurs pour la préparation des colles et couleurs, les gobelineuses qui donnent le relief aux tissus, les coupeuses qui débitent les bobines de papier en rouleaux, l'atelier de gravure, la salle d'échantillons, la salle de dessins, la réserve de cylindres gravés, les ateliers de mécanique, de menuiserie, de forge, de chaudronnerie, la fabrique des couleurs… Le raccordement à la voie ferrée permet l'acheminement des matières premières et des produits manufacturés. Le personnel de l'usine compte 450 ouvriers et 30 employés. Pour faire face aux dépenses de la construction, J. Roger constitue une société anonyme, la Société française des papiers peints, qu'il dirige jusqu'en 1886.

1

2

Zofia ROSTAD

Elle étudie à l'École des arts plastiques de Lodz (Pologne) puis suit l'enseignement de Paule Marrot à l'École des arts décoratifs de Paris. Embauchée par Paule Marrot, elle signe ses créations textiles « Zofia Rostad pour Paule Marrot ». Ses premiers dessins pour le papier peint sont édités par les Papiers Peints de Nancy, dans les collections Deb's en 1968 et Pallas en 1972. Grantil diffuse un petit cahier de ses dessins en 1978. À partir de 1979, elle collabore avec la Société française du Papier peint en créant *L'album de Zofia*, *La cuisine de Zofia*, *Les succès de Zofia*, *Les maisons de Zofia*, *Les impressions de Zofia*, *Les jeux de Zofia*, *Chef*, *Les vacances de Zofia*. Rasch édite *Bonjour* en 1991 puis *Rendez-vous* ; Venilia, *Il fait beau* en 1995, *Vive la vie*, *Les enfants du monde*, *A table !*, *Nomades* ; Lutèce, *Aujourd'hui* et *La magie des couleurs* en 2006.

1. Rousseau fabricant.
2. *Yan et Maria*, Zofia Rostad dessinateur, Papiers peints de Nancy fabricant, 1970.
3. Zofia Rostad dessinateur, Société française des papiers peints fabricant, collection *L'Album de Zofia*, 1979.
4. Zofia Rostad dessinateur, Société française des papiers peints fabricant, collection *L'Album de Zofia*, 1979.
5. Zofia Rostad dessinateur, Société française des papiers peints fabricant, collection *L'Album de Zofia*, 1979.
6. *Baba-Yaga*, Zofia Rostad dessinateur, Papiers peints de Nancy fabricant, 1967.
7. *Irka*, Zofia Rostad dessinateur, Papiers peints de Nancy fabricant,1970.
8. *Les perles*, Zofia Rostad dessinateur, Papiers peints de Nancy fabricant, collection *Sanracor*, 1968-1969.

ROUSSEAU

Installé 357 rue Saint Honoré en 1788, 10 rue de la Muette en 1807, 28 rue Sainte Marguerite en 1818, il devient Rousseau jeune breveté du Roi 372 rue Saint-Honoré en 1822 et se dit alors « seul fabricant des nouveaux papiers marbrés de son invention ».

Dans le *Bazar parisien* de 1825, ce même Rousseau jeune, 85 boulevard Saint-Antoine, est la « seule manufacture de papiers marbrés et agatisés, de son invention, exposés en 1819 et 1823 [qui] peuvent aussi être employés à la tenture des appartements ».

Rousseau se trouve 7 boulevard du Temple de 1837 à 1846, 34 rue Godot en 1847, 15 boulevard de la Madeleine en 1848 puis au 19 du même boulevard, devenu 22 rue Neuve-des-Capucines en 1860, à partir de 1853 où il tient « fabrique et magasin de papiers peints, décorations de divers styles, fantaisie et imitations d'étoffes, papier de Chine ; [et pratique des] expéditions pour la province et l'étranger ». La raison sociale devient père et fils en 1864, Rousseau (Émile), 35 et 37 boulevard des Capucines en 1878, 53 boulevard d'Antin en 1898.

1

2

3

4

5

6

7

8

Robert RUEPP

Sociétaire des artistes décorateurs, il expose à partir de 1904. Il fournit des dessins de papier peint à Gillou, Grantil, Leroy, les Anciens établissements Desfossé et Karth, la Société française du papier peint.

Il expose pour la première fois en 1900. « Dans le salon [magnifiquement décoré par M. Ruepp] avait été groupés des dessins pour papiers peints. Ce dessinateur nous présentait des originaux à plusieurs raccords [...] Différents genres de styles modernes d'une élégante fantaisie étaient présentés dans des salles à manger, des chambres à coucher, des boudoirs, des étu-

des pour décors. Quelques-uns de ces dessins avaient leurs frises assorties ; on pouvait encore admirer quelques spécimens de frises isolées. Le plafond, peint et exécuté par des artistes de la maison, était une heureuse application des ornements nombreux offerts par la branche et la fleur de gui. Les rideaux, les tapis, les étoffes murales, même les fauteuils et les chaises avaient été fabriqués d'après les cartons dessinés dans les ateliers de M. Ruepp. Bien qu'établi depuis vingt ans seulement, ce dessinateur a obtenu, par la hardiesse de sa conception, une réputation bien méritée[1]. »

Émile-Jacques RUHLMANN

Surtout connu comme créateur de mobilier, à partir de 1913, il dessine des étoffes et des papiers peints. Ces derniers sont imprimés par Dumas, les Anciens établissements Desfossé et Karth, la Société française du papier peint, ou dans ses propres ateliers Rulhmann et Laurent, rue Saint-Honoré. « Ruhlmann passe délibérément des semis serrés de feuillage aux grands motifs de damas du siècle de Louis XIV[1] » écrit P. Léon en 1925.

1. Robert Ruepp dessinateur,
Leroy fabricant, 1900.
2. Robert Ruepp dessinateur,
Leroy fabricant, 1903-1904.
3. Robert Ruepp dessinateur, Société anonyme des Anciens Établissements Desfossé & Karth fabricant, 1920.
4. Émile-Jacques Ruhlmann dessinateur, vers 1930.
5. Émile-Jacques Ruhlmann dessinateur, Société anonyme des Anciens Établissements Desfossé & Karth fabricant, 1918.
6. Émile-Jacques Ruhlmann dessinateur, vers 1930.
7. Émile-Jacques Ruhlmann dessinateur, vers 1930.

1

2

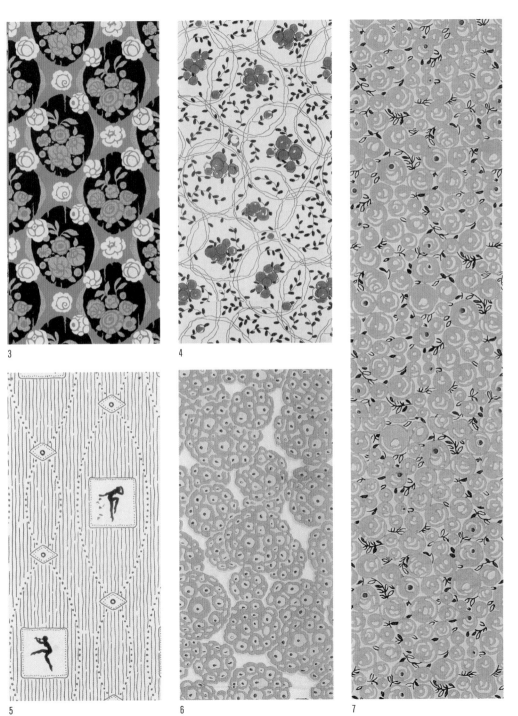

3

4

5

6

7

Henri SAUVAGE

Architecte-décorateur, il se forme à l'École des beaux-arts de Paris à partir de 1892 tout en dessinant des pochoirs pour l'entreprise familiale de tentures décoratives. Il fonde son agence de décoration en 1898, dépose les marques Lino-décor et Lino-tenture en 1904[1]. Les papiers peints qu'il a imprimé au pochoir, offerts au musée des Arts décoratifs en 1904, sont d'inspiration animalière et végétale.

SCE LUTÈCE

Fournisseur, route de l'île mystérieuse à Boves dans la Somme, SCE Lutèce a été fondée en 1974 par le succursaliste Galeries du papier peint dirigé par Guy Drugmanne en même temps que la fabrique de papiers peints UGEPA. La chaîne de magasins comptait alors six cents points de vente et souhaitait contrôler ses approvisionnements. Lutèce, en tant qu'éditeur, avait pour mission de créer des collections fabriquées par sa société sœur UGEPA et de les diffuser en France et à l'étranger.

Aujourd'hui, SCE Lutèce fait partie du groupe Decoralis qui comprend quatre autres sociétés : le fabricant UGEPA et les éditeurs-distributeurs de papiers peints et revêtements muraux Montecolino, Texam et l'anglais Belgravia. Le capital est détenu par les dirigeants et des sociétés d'investissement.

SCE Lutèce diffuse quatre marques commerciales : Lutèce papiers peints et tissus, sur le marché grand public, Initiales, sur le marché traditionnel, Gépé France Bâtiment, sur le marché du bâtiment et de la prescription, Lutèce Développement, pour les revêtements muraux autres que le papier peint sur le marché du bâtiment et de la prescription.

Elle propose une offre diversifiée de thématiques sous licence ou regroupant des thèmes divers et des unis, des collections complètes pour toutes les pièces de la maison.

SCE Lutèce emploie soixante personnes.

1. SCE Lutèce, Zofia Rostad dessinateur, collection *Aujourd'hui Lutèce – Création Zofia Rostad*, 1991.
2. SCE Lutèce, Zofia Rostad dessinateur, collection *La magie des couleurs*, années 1990.
3. SCE Lutèce, Daniel Hechter dessinateur, collection *Les krafts de Daniel Hechter*, 1994.
4. Henri Sauvage dessinateur et fabricant, 1905.
5. SCE Lutèce, collection *Les naturels*, 1992.
6. SCE Lutèce, collection *Les naturels*, 1992.
7. Henri Sauvage dessinateur et fabricant, avant 1904.
8. Henri Sauvage dessinateur et fabricant, 1905.

1

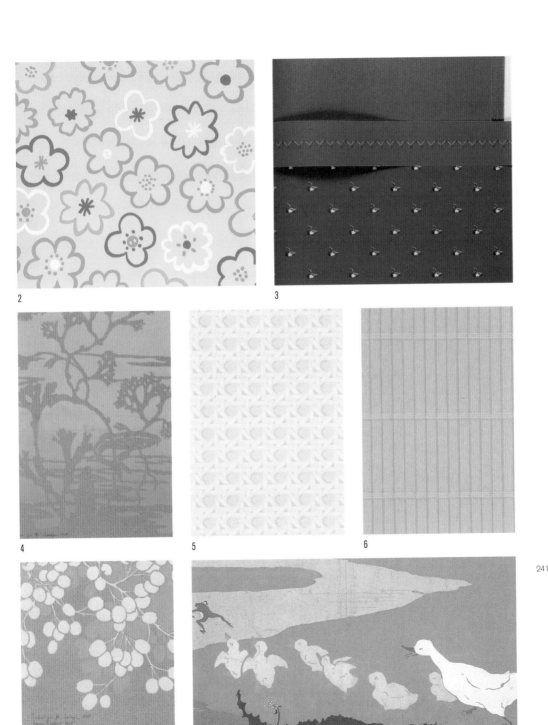

2

3

4

5

6

7

8

Émile-Alain SÉGUY

Dessinateur, il demeure 15 rue Victor-Massé, à Paris, en 1889, puis 16 quai d'Orléans vers 1925. Il expose au Salon des artistes français en 1899, en collaboration avec Édouard Bénédictus, un panneau décoratif et des cuirs repoussés. Il dessine des étoffes pour la maison parisienne Duchesne et Binet, publie plusieurs recueils de dessins entre 1902 et 1927. Il fournit des modèles de papier peint à Leroy autour de 1925 et 1926.

SEIGNER

Après la dissolution de la société Jean Vigne, Jean-Louis Seigner édite et commercialise des modèles de papiers peints qu'il conçoit, dans sa boutique du 3 rue Coëtlogon dans le VIᵉ arrondissement.

Ses papiers, quasiment artisanaux, diffusés chez Besson, Au Fil des couleurs et dans d'autres boutiques, ou chez des architectes-décorateurs, font appel à un répertoire de motifs traditionnels rajeunis et coloriés dans des harmonies de couleurs complémentaires.

1. Émile-Alain Séguy dessinateur, Leroy fabricant, 1925-1926.
2. Pergola, Jean-louis Seigner dessinateur et éditeur, collection *Imagine*, années 1990.
3. *Sous les marronniers*, Jean-Louis Seigner dessinateur et éditeur, collection *Imagine*, années 1990.
4. Émile-Alain Séguy dessinateur, Leroy fabricant, 1927-1930.

2

1

3

SEVESTRE

Sevestre père dirige une manufacture de papiers peints 121 rue de Charonne en 1823, de 1838 à 1840, puis en 1843 et 1844. Il est établi rue des Ormeaux – 1 place du Trône en 1841. Sevestre fils est installé 138 rue de Charonne en 1830, 121 rue de Charonne en 1833, 34 rue des Boulets en 1834. Devenus Sevestre fils et Cie en 1839, ils impriment « spécialement de la haute nouveauté pour l'article de Paris » au 69 rue de Montreuil en 1841, aux 67 et 69 en 1844, à nouveau au 69 en 1848, et 19 Grande-rue-de-Reuilly en 1850 et 1851.

En 1844, « MM. Sevestre et Cie font, à la planche, des papiers à dessins d'étoffes [...] ; ils impriment en outre, au rouleau, de petits dessins sur lesquels on peut ensuite en imprimer à la planche de plus grands. Les produits de cette maison sont exécutés d'une manière satisfaisante et avec intelligence. Le jury décerne à MM. Sevestre fils et Cie une médaille de bronze[1].»

Un Sevestre (A.) tient fabrique 14 boulets en 1847, 121 rue de Charenton et 121 rue de Charonne en 1848, 123 rue de Charonne en 1851. Sevestre apparaît 30 Petite-rue-de-Reuilly de 1859 à 1862 et Sevestre-Hédiard agît au 288 rue de Charenton en 1860, au 228 de la même rue de 1862 à 1878.

SEVESTRE - LE BLOND

Par son mariage, en 1751, Jean-Baptiste Sevestre (1728-1805) devient éditeur d'images avec son beau-père Jean Le Blond. Ils signent « CHEZ LE-BLOND ET SEVESTRE ».

D'abord rue du Tabour à Orléans, l'entreprise est transférée 49 rue de la Croix-Morin en 1760. Au moins soixante-dix-neuf papiers peints furent édités durant leur association, et, Sevestre, seul, en imprimera plus de trois cent trente-neuf. Sevestre se retire du commerce en 1780 ou 1788, cédant alors son fonds à Perdoux.

1. Sevestre fabricant, 1843.
2. Sevestre-Leblond ?, vers 1750.
3. Sevestre fabricant, Victor Poterlet dessinateur, 1835-1840.
4. Sevestre fabricant.
5. Sevestre - Leblond fabricant, 1750-1780.
6. Sevestre - Leblond fabricant, 1750-1780.
7. Sevestre fabricant, 1844.

1

2

244

3

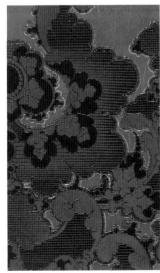

4

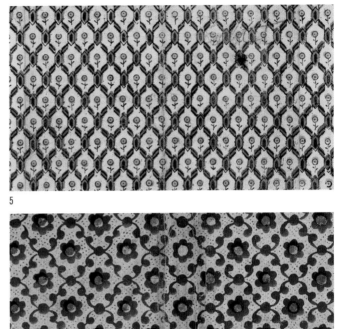

5

6

7

SIMON

Fabrique des tapisseries de papier représentant des paysages et des verdures[1] en 1735. Simon et Cie est installé 170 rue Saint-Martin en 1788 et 1789, rue des Petites-Écuries[2] en 1789, 187 rue Neuve-des-Capucines, place Vendôme en l'an X, 187 Jardin des Capucines, place Vendôme – 187 rue Neuve-des-Capucines, place Vendôme en 1805, Passage des Capucines et pavillon de Hanovre, boulevard d'Antin en 1806, 47 rue Beauregard et rue de Bellefond – 11 faubourg Poissonnière en 1807.

Simon (Charles) se trouve 29 boulevard des Italiens, au pavillon de Hanovre de 1812 à 1830 et 11 rue de Bellefond de 1807 à 1814. Simon est 5 rue de Beauveau – Quinze-Vingts, 6 faubourg Saint-Antoine en l'an IX et X, Simon et Cie 880 rue de la Michaudière – 20 rue Lepelletier en 1805 et 1806 Cartulat-Simon et Cie prend la suite vers 1826. « Cette importante manufacture, établie depuis environ trente ans, se distingue par la fabrication de ses riches papiers rehaussés d'or et des couleurs les plus belles. Il serait difficile de voir quelque chose de plus beau et de mieux exécuté que les compositions d'architecture qui en font l'ornement[3]. » En 1806, « M. Simon, au pavillon de Hanovre, obtint en l'an X, une médaille de bronze, pour le bon goût de ses dessins, pour ses papiers veloutés et pour ses impressions d'ornements sur étoffes ; il a

exposé cette année des productions dans lesquelles on a remarqué des progrès qui classent sa fabrique parmi celles qui ont le plus de réputation. Le jury voit avec satisfaction ses décorations en dorure[4]. »

En 1819, « M. Simon, rue de Hanovre, boulevard des Italiens, a présenté des panneaux de diverses décorations composées dans le style antique, d'un très bon goût et d'un grand effet. Ces décorations sont choisies avec discernement, et ne présentent rien qui excède les moyens de l'art qui doit les exécuter[5].»

En 1823, « M. Simon, rue de Hanovre, boulevard des Italiens, a porté au plus haut point de perfection la fabrication des papiers imitant les étoffes et les ornements d'architecture. Il produit des panneaux d'une seule pièce dans les dimensions les plus étendues[6]. »

Cette fabrique, fondée par M. Simon père, il y a 40 ans, doit aux soins de son fondateur sa grande prospérité et les suffrages qui la distinguent.[...] M. Simon fils succède à son père avec non moins de zèle et d'activité. Il a fait des recherches assidues et fructueuses pour obtenir des améliorations dans la fabrication ; et les brillantes tentures qu'il exposa dernièrement attestent des progrès sensibles. Les relations commerciales de M. Simon fils sont fort étendues : « il entretient des voyageurs et fait des expéditions considérables chez toutes les puissances européennes[7] ».

1. Simon marchand, Dufour & Cie fabricant, vers 1802.
2. Simon marchand, Dufour & Cie fabricant, vers 1802.

1

SOCIÉTÉ ANONYME DES ANCIENS ÉTABLISSEMENTS DESFOSSÉ & KARTH

223 faubourg Saint-Antoine, à Paris. En 1900, bien qu'hors concours, Eugène Desfossé n'en expose pas moins aux Invalides. « Suivant les traditions de M. Desfossé père, l'ancien chef regretté de cette excellent maison d'impression à la planche, les successeurs avaient tenu à apporter à notre grand tournoi international les plus beaux spécimens de leur fabrication. Leur décor central, composé de 17 lés à double combinaison, était intitulé la *Saison des fleurs*. [...] Huit autres petits panneaux nous soumettaient des genres divers de fabrication ; deux étaient composés par moitié d'un lé de cuir véritable, estampé et décoré sur fond doré, et, d'autre part, d'un lé de papier-cuir repoussé, décoré de la même manière. [...] Nous devons encore citer un dessin imitation velours, d'une belle exécution et une superbe draperie Empire en fond velouté, rehaussée d'ornements dorés [...]. On pouvait encore remarquer un dessin Empire à couronnes de roses en coloris frappé sur un fond vert ; un Louis XVI teinté en rose ton sur ton ; un petit décor de fabrication courante, formé de fleurs et de feuillages du pavot et enfin un décor déjà connu, la *Glycine*, frise tombante qui méritait par son effet artistique de figurer à l'Exposition[1]. » Cependant, la machine progressant, l'exportation en Angleterre et en Allemagne n'existant plus et étant presque nulle en Amérique, le travail à la planche tombe au plus bas. Ainsi, en 1867, Desfossé & Karth compte cent tables à imprimer, cinquante-cinq en 1878, trente-cinq en 1900, vingt-cinq en 1914, et le nombre maximum d'imprimeurs sera, après-guerre, de quatorze... En 1913, une machine à quatorze couleurs pour imprimer les toiles et les papiers en 0,80 mètre de large est mise en fonction. En ce début de XXe siècle, l'entreprise, parfaitement outillée, développe le travail à façon tant pour le papier peint que pour l'étoffe. Ainsi, la Société anonyme des Anciens établissements Desfossé & Karth participe à l'Exposition universelle de 1925 en exécutant le *Décor moderne* d'Henri Stéphany édité par la Manufacture des papiers peints Georges Pérol.

En 1947, les usines Leroy rachètent le fonds de ce qui fut l'une des plus grandes manufactures de papier peint françaises et même internationales.

1

2

1. Société anonyme des Anciens Établissements Desfossé & Karth fabricant, Pouzadoux dessinateur, 1913-1914.
2. Société anonyme des Anciens Établissements Desfossé & Karth fabricant, Libert dessinateur, 1922-1928.
3. Société anonyme des Anciens Établissements Desfossé & Karth fabricant, 1930-1940.
4. Société anonyme des Anciens Établissements Desfossé & Karth fabricant, 1921.
5. Société anonyme des Anciens Établissements Desfossé & Karth fabricant, Landwerlin dessinateur, 1922.
6. Société anonyme des Anciens Établissements Desfossé & Karth fabricant, 1895.

3

4

5

6

SOCIÉTÉ FRANCAISE
DES PAPIERS PEINTS

En août 1881, pour faire face à la charge financière de la construction de l'usine de Balagny-sur-Thérain, Jules Roger fait appel à des investisseurs et crée la Société française des papiers peints, société anonyme dont les actionnaires sont en priorité des clients grossistes de l'entreprise. Le siège parisien de la Société française de papiers peints est situé 83 bis rue Lafayette. Jules Roger assure la direction de la nouvelle société jusqu'en mars 1886. « Impressions mécaniques et à la planche, veloutés, dorés et ordinaires. Imitation de cuirs repoussés et imitations d'étoffes, articles pour l'exportation » font alors partie du fonds de commerce de l'entreprise. Un premier administrateur délégué, J. Raddez succède au directeur fondateur jusqu'en novembre 1887, puis un second G. Veret dirige la manufacture jusqu'en 1920. La société connaît un succès marqué par de nombreuses distinctions obtenues lors des Expositions nationales et internationales à la fin du XIXe et au début du XXe siècle mais la Pre-

mière Guerre mondiale a des conséquences négatives sur son activité. En 1920, Georges Zérapha qui possède, comme banquier d'affaires, des actions de la société, décide avec sa femme Cathy de relever l'entreprise. Il en devient le président directeur général et s'installe lui-même à Balagny-sur-Thérain. Malgré des progrès techniques indéniables, comme par exemple dans la résistance au frottement et à l'eau et notamment la création de la collection Sanitex, les années 1920-1930 sont assez difficiles car le consommateur se détourne du papier peint au profit de la peinture[1].

À travers, ses « Cartes d'Art », G. Zérapha fait appel à des créateurs de renom, tels Ruhlmann ou Sue et Mare, qui conçoivent des modèles tranchant sur l'ensemble de la production.

Transformée en dépôt de matériel militaire en 1940, l'usine est détruite à la Libération. En 1946, Georges Zérapha qui a passé la Guerre dans les réseaux de résistance, décide,

malgré les dommages, de relancer l'entreprise. Il restaure les installations, adopte les techniques nouvelles, investit dans la création avec l'aide de son épouse. Claude Andral succède à Cathy Zérapha comme directeur artistique et établit une technique d'impression, Racorama, permettant de fabriquer un papier peint sans raccord en utilisant les cylindres et les presses traditionnels. Jean-Claude Zérapha, le fils de Georges, alors directeur commercial lance ce nouveau produit qui connaît un énorme succès.

À partir de 1972, sous la direction de J.-Cl. Zérapha, l'usine adopte les techniques de la flexographie, l'héliogravure, la sérigraphie, l'élaboration des couleurs par ordinateur, un processus d'échantillonnage plus précis et plus rapide, les bâtiments de production sont rénovés, des magasins de stockage construits, la préparation des commandes automatisée. La Société française des papiers peints, et sa marque ESSEF Décors muraux, disparaît en 2006.

1. Société française des papiers peints, collection *SF Racorama*, 1967.
2. Société française des papiers peints, *L'œuf centre d'études dessinateur*, collection *L'œuf centre d'études* éditée par Essef, 1972.
3. Société française des papiers peints, collection *L'œuf centre d'études dessinateur*, collection *L'œuf centre d'études* édité par Essef, 1972.
4. *Papier cubiste*, Société française des papiers peints, Primavera dessinateur, Édition d'art Essef, 1928-1930.

5. Société française des papiers peints, vers 1970.
6. Société française des papiers peints, collection *SF Racorama*, 1967.
7. *Le poète*, Société française des papiers peints, Léonor Fini dessinateur, Edition d'art Sanitex , 1948-1949.
8. *Les colombes*, Société française des papiers peints, Raymond Peynet dessinateur, Édition d'art Sanitex , 1948-1949.

1

2

3

4

5

6

7

8

251

Henri STÉPHANY

Sociétaire des Artistes Décorateurs, Henri Stéphany expose au Salon à partir de 1929. Dessinateur pour papiers peints, tissus et tapis, il travaille avec Rulhmann et l'atelier Primavera des Grands magasins du Printemps. Il expose des papiers peints à l'Exposition internationale des Arts décoratifs en 1925 et s'attire alors ce commentaire : « Une mention particulière doit être réservée aux œuvres de Stéphany, de qui l'esprit décoratif s'exerce avec tant de maîtrise[1]. » Il obtient le titre de meilleur ouvrier de France en 1934. Ses papiers peints ont été édités par les Anciens établissements Desfossé et Karth (1924-1930), Follot (1927-1930), Leroy (1928-1930), Pérol (1925-1930) et la Société française du papier peint (1925-1934).

SUBES

Jacques et Françoise Subes, ayant retrouvé sur les murs du château de Saint-Pandelon (Landes) des papiers peints datant des années 1770, décident alors de les copier. Professeur d'art graphique, Françoise se met à l'ouvrage, relève les modèles anciens et les imprime. Devant l'intérêt manifesté par certains visiteurs de leur château, elle met alors ce travail à la disposition du public et imprime à la demande, tâche qu'elle accomplit depuis 1963.

Louis SÜE

Architecte, peintre et décorateur diplômé de l'École des beaux-arts de Paris, Louis Süe expose au Salon des Indépendants et au Salon d'automne. En 1919, après la fermeture d'un premier atelier de décoration et de conception de mobilier, l'Atelier français, il crée avec André Mare la Compagnie des Arts français. Inventeur de motifs de papier peint[1], il y « entremêle la guirlande à des motifs floraux où domine la rose[2] ». Après 1928, il renoue avec l'architecture.

1. Louis Sue dessinateur, Compagnie des arts français éditeur, Société française des papiers peints fabricant, vers 1920.
2. Henri Stéphany dessinateur, Société anonyme des Anciens Établissements Desfossé & Karth fabricant, 1929.
3. Subes fabricant, vers 1980.
4. Subes fabricant, vers 1980.
5. Subes fabricant, vers 1980.
6. Velours *Les fontaines*, Henri Stéphany dessinateur, Société anonyme des Anciens Établissements Desfossé & Karth fabricant, 1929.
7. *Bouquets de roses*, Louis Sue dessinateur, Compagnie des arts français éditeur, Société française des papiers peints fabricant, vers 1920.
8. Henri Stéphany dessinateur, Société anonyme des Anciens Établissements Desfossé & Karth fabricant, 1929.

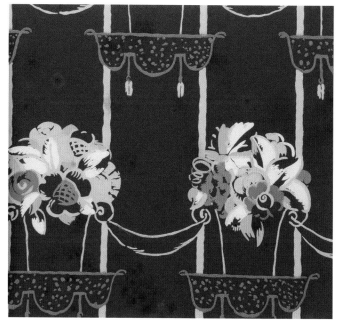

1

2

3

4

5

6

7

8

Prosper TETREL

Dessinateur de papiers peints et tissus, Prosper Tetrel reçoit une médaille de bronze en 1867, une d'argent en 1878 et 1889. Il collabore avec Desfossé & Karth à partir de 1877.

En 1900, « M. Tétrel, à Paris – Cette ancienne maison, qui est bien renommée dans notre industrie, avait exposé des dessins fort pratiques. Elle présentait la maquette du décor de la Société des anciens établissements Desfossé & Karth, qu'elle a dessinée[1] ».

La veuve TISSOT

Le Département des papiers peints du musée des Arts décoratifs conserve un domino fragmentaire portant en réserve l'estampille incomplète « SE VEND A BESANCON CHEZ LA ». Comme une bordure dominotée repérée en Franche-Comté arbore l'inscription « ON CHEZ LA VEUVE TISSOT ET FILS », il est possible de reconstituer la marque dans son intégralité : « SE VEND A BESANCON CHEZ LA VEUVE TISSOT ET FILS ».

La veuve Tissot, décédée en 1772, est l'épouse de feu Jean-Pierre Tissot, membre d'une famille de cartiers et d'imagiers établis à Besançon au XVIIIe siècle.

1. Prosper Tétrel dessinateur, avant 1881.
2. La veuve Tissot fabricant, vers 1770.
3. Prosper Tetrel dessinateur, vers 1890.
4. Prosper Tetrel dessinateur, vers 1890.

1

3

2

4

TURQUETIL

Jules François Turquetil (1806-1890) fait exécuter à façon plusieurs dessins de papier peint en 1847. Leur vente étant un succès, il s'associe à François Legris en 1849. En 1854, Turquetil et Legris « fabrique de papiers peints en tous genres, mats, mifins, perses, satins, chênes, agates, coutils, marbres et autres. Dépôt de papier blanc en rouleaux » est établie 15 boulevard Bourdon et 17 place de la Bastille. Cette première société dissoute en 1854, il en crée une nouvelle avec Malzard et Caillebotte, Turquetil Malzard et Caillebotte, toujours à la même adresse pour le magasin mais ayant, en outre en 1856, une fabrique 106 et 108 rue de Charonne, et se disant alors brevetée pour les « rayures et algériennes, procédé de mécanique s.g.d.g. ». En 1856, une seule adresse est mentionnée pour le magasin et la manufacture, 180 (208 à partir de 1864) boulevard du Prince-Eugène – près la rue Charonne, devenu boulevard Voltaire après 1870. En 1860 et 1861, « la fabrique de papiers peints, spécialité de petits papiers, mats, mi-fins, satins, marbres, agates, bois vernis, etc. » est installée 246 faubourg Saint-Antoine – 22 passage du Génie. Ses associés étant morts en 1871, Jules Turquetil se décide à « grouper autour de lui sept de [ses] plus sérieux collaborateurs, sans apports de capitaux, auxquels en dehors de leurs appointements, [il] abandonne 50 % des bénéfices, qui chaque année sont portés à leurs comptes particuliers, pour former leur fonds social[1]. » En 1891, Turquetil (Jules) et Cie Rozier, Page, Lanvaille, Thiout et Georgentuhum, successeurs dirigent l'entreprise, 93 rue de Montreuil, 43 avenue Philippe-Auguste et 14, 16 et 18 passage Turquetil en 1896. En 1897, la société devient Rozier, Page et Georgenthum. Aux Expositions universelles, Turquetil reçoit une médaille 2e classe en 1855, une de bronze en 1867[2], une d'argent en 1878. « Nous connaissons au boulevard du Prince-Eugène une manufacture qui est un modèle d'installation intelligente et salubre ; elle appartient à MM. Turquetil et Malzard, fabricants excellents[3] » est-il écrit en 1862, et en 1882 : « Cette manufacture de papiers peints en tous genres pratique sur une large échelle l'impression mécanique et l'atelier du boulevard Voltaire est une usine à vapeur d'une production importante. Le titulaire de cette maison est un praticien de vieille date : aussi la collection de ses carnets est-elle d'une qualité vraiment exceptionnelle. On y remarque des qualités souvent excellentes et généralement d'une moyenne toujours estimable. Selon tous les confrères du métier, cette moyenne est soutenue et d'une fabrication d'une qualité supérieure à ce qui se produit autre part dans les mêmes conditions de prix. »

1. Turquetil fabricant, 1865-1875.
2. Turquetil fabricant, 1860.
3. Turquetil fabricant, 1864.
4. Turquetil fabricant, 1868.
5. Turquetil fabricant, 1866.
6. Turquetil fabricant, 1865-1875.
7. Turquetil fabricant, 1860-1870.
8. Turquetil fabricant, 1856.
9. Turquetil fabricant, 1865-1875.
10. Turquetil fabricant, 1865-1875.

1

2

3

4

5

6

7

8

9

10

257

En 1889, Jules François Turquetil signe un bail en faveur de « la Société de commerce en nom collectif Jules Turquetil et Cie dont l'objet est la fabrication et la vente en gros des papiers peints, et dont le siège est à Paris boulevard Voltaire n° 208 ». Cette société, composée de J.-F. Turquetil, Émile Pierre, Alfred Damiens Page, Adolphe Lanoaille, Louis Edmé Thioust et Adolphe Georgenthum, est transférée dans la fabrique construite en 1889-1890 43 avenue Philippe-Auguste (actuel 14-16 passage Turquetil). Turquetil étant décédé en 1890, Lanoaille ayant cédé ses parts en 1895, la société devient alors Société Rozier et Cie. En 1895 et 1896, la manufacture de papiers peints, ancienne maison Jules Turquetil & Cie fondée en 1856, Rozier, Page & Georgenthum succrs Paris – 14-16-18 passage Turquetil – Paris (43 avenue Philippe-Auguste) annonce une usine à vapeur, quatorze médailles et un diplôme d'honneur à diverses expositions industrielles, des papiers peints et bordures à la machine et à la planche dans tous les prix mats, dorés, veloutés, des bois et marbres et sa spécialité de rayures très bon marché mates, satins, soieries et veloutées. Elle se vante d'avoir été « la première maison ayant pris[4] l'initiative des mesures destinées à donner toute satisfaction à la clientèle de province. » En 1900, la fabrique de papiers de tenture – usine à vapeur – commission – exportation répond à la raison sociale Rozier & Georgenthum succrs. En 1902, la société est rachetée par un groupe anglais. En 1904, la manufacture de papiers peints, ancienne maison Turquetil société anonyme au capital de 1 200 000 francs, est transférée rue Chevreul à Ivry-Port (Seine) ; elle est alors dirigée par A. Baker. Les établissements Turquetil font partie du Consortium de fabriques françaises du papier peint en 1947, se disent spécialiste des papiers peints de qualité en 1958. Ils exercent leur activité sous la marque AMT (ancienne maison Turquetil), 7 rue du Grandcoing à Ivry (Seine) jusque vers le milieu des années 1980. Une société Turquetil, vouée à la fabrication du papier peint, est implantée à Ailly-sur-Noye, dans la Somme, à la fin des années 1990 puis dans la région de Tourcoing.

1. Turquetil fabricant, vers 1925.
2. *Reflets*, Turquetil fabricant, collection *Les oiseaux de paradis*, 1967-1968.

8

VELAY

Installée 10 rue Lenoir Saint-Antoine, quartier des Quinze-Vingts[1], sous la raison sociale Velay de 1811 à 1822, la « manufacture de papiers peints et veloutés s'occupe avec succès de la fabrication des papiers peints en tous genres, depuis les prix les plus bas jusqu'aux plus élevés[2] ».

Lors de l'Exposition des produits de l'industrie française, en 1819, « le jury arrête qu'il fera mention honorable du fabricant M. Velay, à Paris, rue Lenoir, n° 10, faubourg Saint-Antoine, pour lui témoigner la satisfaction avec laquelle il a vu les papiers peints qu'il a exposés[3] ».

Velay s'associe à Félix Leray sous la raison sociale Leray et Velay de 1807 à 1810.

De 1822 à 1840, la société Messener Lapeyre et Compagnie, en nom collectif à l'égard de MM. Messener et Lapeyre et seulement en commandite pour M. Velay, fabrique et vend des papiers peints.

VÉNILIA

Le groupe belge Solvay, un des principaux fabricants mondiaux de PVC, achète en 1964 Griffine-Maréchal, fabricant réputé de toiles cirées, d'adhésifs et de simili-cuirs pour automobile. En 1967, à l'initiative de Michel Marq, la société se lance dans la fabrication des papiers peints vinyles pour laquelle une usine est créée à Abbeville. Vendus sous la marque Vénilia, ces papiers peints imprimés en héliogravure, par la suite préencollés, connaissent un vif succès. Devenue leader en France, la société ouvre des filiales commerciales dans la plupart des pays d'Europe continentale, aux États-Unis et à Singapore. Pour seconder le studio de dessin interne, elle fait appel à des créateurs extérieurs tels Pierre Cardin, Zofia Rostad ou Cacharel. En 1998, Solvay quitte progressivement les divers secteurs de la transformation et vend les papiers peints à Lpw – Langbein Pfanhauser Werke – qui crée la société Abélia. Vénilia-Abélia ferme définitivement en 2005.

Paul VERA

Peintre, peintre de cartons de tapisserie, sculpteur, graveur sur bois, céramiste, cet élève de Maurice Denis aux Ateliers d'Art Sacré expose à la Société Nationale, au Salon d'automne des peintres-graveurs indépendants et à la Société de la Gravure originale sur bois. Il est l'auteur de compositions murales pour le paquebot Ile-de-France, a œuvré pour les manufactures de Beauvais et Sèvres. Il dessine des papiers peints pour la Compagnie des Arts français[1].

1. *Les réjouissances à l'occasion de la fête du roi* (détail), Velay fabricant, vers 1815.
2. *Margarida*, Venilia fabricant, collection *Aquarelle Etincelles*, vers 1970.
3. *Feuillages*, Paul Véra dessinateur, Compagnie des Arts français, vers 1920.
4. *Les réjouissances à l'occasion de la fête du roi*, Velay fabricant, vers 1815.
5. *Capriccio*, Venilia fabricant, collection *Cacharel par Venilia*, 1987.
6. Vénilia fabricant, vers 1985.
7. *Rosy*, Venilia fabricant, collection *Petites fleurs*, 1968.

1

2

3

4

5

6

7

VERKINDÈRE & Cie

Maurice Verkindère, papiers peints, 13 à 17 rue de la Lys à Halluin (Nord) est listé parmi les exposants lors de l'Exposition internationale des Arts et techniques de Paris en 1937. La marque Lavabilis[1] est déposée en 1952. Plastiques et gaufrés à relief permanent, fabrication classique, lavables Lavabilis, lessivables Latexa-Inaltérable sont proposés en 1957 et visibles dans le dépôt du 4 bis rue Fabre-d'Églantine Paris 12e. En 1970, la marque devient Décofrance.

VIGNE

Associés sous la marque *Jean Vigne*, Jean-Dominique Yver de la Vigne Bernard, décorateur, et Jean-Louis Seigner, photographe, installent leur boutique parisienne de décoration en papier peint, rue Guisarde, en 1967. En 1972, ils créent leur société et lancent alors leur premier papier peint *Apollo*. Ils éditent leur première collection *papiers peints Liberty* en 1975. En 1982, la société change de nom et devient *Domicil' diffusion* et transporte son magasin quai des tournelles. En 1984, Jean-Dominique Yver quitte la société.

VITRY

La veuve Cabillet est installée 42 rue des Boulangers dès 1808. Elle a pour successeur Gand, puis Mme Gand, qui s'associe à Jacques-Nicolas Vitry et meurt en 1830. Ce dernier exerce de 1830 à 1842 sous l'appellation Vitry et Gand. Son fils, Jacques-Eugène, prend sa suite sous la raison sociale Vitry, Vitry fils de 1843 à 1857, Vitry en 1858, Vitry fils (Victor-Eugène) de 1871 à 1894. La « fabrique de papiers peints en tous genres, dorés et veloutés, repoussés ; exportation » est transportée 21 Grande rue de Reuilly en 1848, 25 en 1853, 8 rue de l'Empereur, carrefour Rambouillet – Saint-Antoine en 1863, et dans une nouvelle usine[1], 10 rue de Chaligny, en 1865.

En 1893, les Maisons Danois et Vitry, proposant « articles riches, cuirs repoussés, soieries, surahs, velours, peluche et soie », sont réunies et rachetées par Alfred Hans.

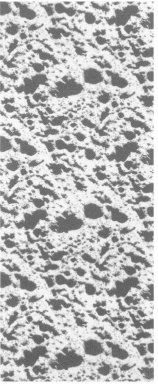

1. Verkindère fabricant, années 1930.
2. *Appolo*, Jean Vigne dessinateur et éditeur, 1973.
3. *Cerises*, Jean Vigne dessinateur et éditeur, vers 1975.
4. Jean Vigne dessinateur et éditeur, 1972.
5. Vitry fabricant,
6. Jean Vigne dessinateur et éditeur, 1972.

1

2

3

4

5

6

VOCHELET

Vochelet et Damery impriment des papiers peints 57 rue Saint-Victor en 1806, 76 en 1809, rue Mouffetard, près celle de l'Arbalète en 1810.

Vochelet fabrique des « papiers peints satinés, veloutés, dorés » 6 rue Neuve-Saint-Paul de 1810 à 1823, au 22 rue Popincourt en 1823, au 28 en 1831.

Vochelet père et fils et Landois de 1833 à 1844, Vochelet seul jusqu'en 1848, Vochelet (J.) et fils en 1849 et 1850 œuvrent 28 rue Popincourt.

WAGNER

Dirigeant un atelier, 226 rue du faubourg Saint-Antoine à Paris, Wagner père et fils travaillent pour les manufactures de papiers peints Délicourt, Desfossé, Follot, Gillou, Lapeyre, Riottot et Pacon, Zuber...

Desfossé dans les années 1863, Zuber en 1846 et surtout entre 1853 et 1879, font appel à leur talent de créateurs « dont les compositions sont excessivement variées » d'après M. Rioux de Maillou en 1882[1].

Georges ZIPELIUS

Ornemaniste, élève de Lagrenée aux Beaux-Arts de Paris, Zipelius entre chez Zuber en 1836. Son contrat, renouvelé en 1848, précise qu'il doit fournir des tentures damas, des tentures fantaisie et à petits dessins, des grandes tentures avec coloris, des bordures diverses à ornements et fleurs. Il s'associe à Joseph Fuchs de 1850 à 1860 formant ainsi le plus important atelier du continent. Il livre aussi Desfossé en projets de papier peint.

2

3

4

1

1. Wagner dessinateur.
2. Vochelet fabricant, vers 1810.
3. Wagner dessinateur.
4. *Décor chinois*, Georges Zipelius,
Zuber fabricant, 1832.
5. *Décor chinois*, Georges Zipelius,
Zuber fabricant, 1832.
6. Wagner dessinateur, 1894.

5

6

267

ZUBER

Jean Zuber (1773-1852), embauché en 1792 à la manufacture Nicolas Dollfus et Cie, devient progressivement l'homme fort de l'entreprise et en prend la direction sous la raison sociale Jean Zuber et Cie en 1802.

Installée depuis 1797 à Rixheim, la fabrique dispose de locaux spacieux dans lesquels elle applique moult perfectionnements techniques.

En 1806[1], le jury lui décerne une médaille d'argent de 2e classe car « ce fabricant fait très bien les papiers peints et emploie de belles couleurs ; il a fait exécuter des paysages qui présentent des difficultés vaincues d'une manière utile à l'avancement de l'art. »

Et, en 1819, le jury déclare que cette fabrique est toujours digne de cette distinction. « Le fabricant semble s'être proposé de vaincre les plus grandes difficultés que présente la fabrication des papiers peints. Il a exposé des paysages coloriés ; ils sont très bien composés, les couleurs en sont brillantes et solides. Le jury a remarqué avec satisfaction que ce mérite se trouve dans tous les produits de la manufacture de Rixheim[2]. »

« D'autre fabricants ont peut-être conçu l'idée d'employer le papier continu pour les rouleaux de tenture, mais c'est à MM. Zuber [en 1834] qu'appartient la construction d'une machine établie depuis trois ans avec le plus grand succès pour fabriquer d'une seule pièce des rouleaux longs de neuf mètres. La dégradation des couleurs par un moyen mécanique est une découverte importante qui présente un vaste champ aux combinaisons des artistes. Dans l'immense paysage que MM. Zuber ont exposé cette année, paysage d'un goût pur et remarquable, on a fondu, par un procédé mécanique, les teintes des ciels et des montagnes, ainsi que les nuances vaporeuses des tourbillons de poussière soulevées par les pieds des chevaux. Cet exemple donne l'idée du parti qu'on peut tirer d'une si belle invention. [...] MM. Zuber fabriquent annuellement 200 000 rouleaux de papiers peints ; ils emploient 200 ouvriers[3]. »

Et en 1849, M. Jean Zuber fils dirige l'établissement depuis vingt-cinq ans, et c'est sous son habile direction que la fabrique de papiers peints de Rixheim a pris son prodigieux développement [...]. Son établissement possède une machine à vapeur et une turbine représentant ensemble la force de 62 chevaux, employés à faire mouvoir 44 machines différentes, les unes propres à fabriquer du papier, les autres destinées à l'imprimer, à le gaufrer, à le satiner, etc. Il possède encore un moulin à broyer les couleurs ; de plus 50 tables d'impression à la main. 500 ouvriers sont occupés dans cette fabrique[4].

En 1851, année de la première Exposition universelle, Jean Zuber (1799-1853) reste seul à la tête de la société. « Sous l'habile impulsion qu'il a su lui donner, Rixheim est devenu le centre le plus considérable de l'industrie du papier peint à laquelle se trouve liés la fabrication de la matière première et des produits chimiques[5]. »

À la mort de Jean, son fils Ivan (1827-1919) dirige l'entreprise sachant donner à la fabrication mécanique des papiers peints une importante extension tout en conservant à la fabrication à la main toute la place qu'elle mérite.

1. Zuber fabricant, 1828.
2. *Les chèvres des Alpes*, Zuber fabricant, Robert Eberlé et Eugène Ehrmann dessinateurs, 1862.
3. Zuber fabricant, 1829.
4. Zuber fabricant.
5. Zuber fabricant, 1829.
6. Zuber fabricant, Fritz Zuber dessinateur, 1820-1824.

1

2

3

4

5

6

En 1855, « la fabrique de Rixheim occupe près de 250 personnes.[…] C'est à MM. Zuber père et fils que l'industrie des papiers peints est redevable de notables perfectionnements, en tête desquels il convient de citer l'introduction des machines à vapeur pour l'impression au cylindre en relief à plusieurs couleurs. Ce système, d'origine anglaise, présente les plus grands avantages pour les papiers d'usage courant, surtout pour ceux dont le dessin ne comporte pas un grand nombre de couleurs, et son application n'a pas peu contribué à la haute position qu'occupe aujourd'hui la fabrique de Rixheim. Ce bel établissement […] possède des appareils de fabrication d'une grande perfection ; machine à vapeur de la force de douze chevaux, ma-chine à foncer avec séchage continu à air chaud, machine à imprimer et à gaufrer, machine à rayure, appareils pour dorure, veloutage, fonçage et lissage, tels sont, outre le nombre de tables à imprimer qui n'est pas moindre de 80, les moyens de production employés aujourd'hui par la maison Zuber[6]. » « M. Zuber a exposé cette fois-ci […] *L'orage*. Ce panneau fait suite à ceux exposés en 1862 et présente les mêmes qualités ; il a été imprimé au moyen de 196 planches ; les nuages sont obtenus par des nuances juxtaposées et fondues entre elles légèrement par une brosse, avant que les couleurs ne soient sèches. Il expose également […] une collection de papiers courants qui sont tous d'une excellente fabrication. M. Zuber fait aussi des impressions par la machine. Il y a surtout des repoussés qui présentent de grands avantages comme prix. Nous rappelons que c'est sa maison qui, la première, a fait des impressions au rouleau dites taille-douce ; que c'est elle également qui a créé les rayures à l'auge, et qui, dès 1850, introduisait en France le système anglais d'impression mécanique[7]. » Après 1870[8], Zuber se tourne vers l'étranger, devient Zuber et Cie S.A. en 1890, est rachetée en 1968 par le groupe textile Schaeffer et Cie[9] puis, en 1984, par les Chalaye qui en sont aujourd'hui propriétaires.

1. Zuber fabricant.
2. Zuber fabricant, vers 1860.
3. Zuber fabricant, 1823.

1

2

Bien que depuis la publication d'Henri Clouzot et Charles Follot, parue en 1934, aucune histoire générale du papier peint français n'ait été écrite, il a paru plus à propos d'évoquer cet art et cette industrie à travers les collections conservées au Département des papiers peints du musée des Arts décoratifs de Paris, et plus précisément à travers les dessinateurs, les éditeurs, les fabricants ou les importateurs, dûment identifiés, dont des papiers ou des esquisses figurent au Département des papiers peints, plutôt que de tracer une vaste fresque de cette activité manufacturière.

Si des créateurs et des acteurs ont été laissés de côté, faute d'attribution certaine de papiers peints, ou d'être représentés dans les collections du Musée des Arts décoratifs, ce sont néanmoins un peu plus de deux cent quarante personnalités ayant œuvré dans le monde du papier peint qui ont ainsi trouvé place dans ce répertoire pour lequel nous avons adopté un ordre alphabétique, mêlant genres et époques.

Plutôt que des grandes compositions, tels les papiers peints panoramiques ou les décors, il a semblé intéressant de privilégier des papiers peints beaucoup plus ordinaires, reflet des modes successifs de décoration intérieure, plus proches de la vie quotidienne de la majorité des gens, et d'illustrer ainsi le commentaire publié en 1882 dans le rapport sur la Société française du papier peint naissante : « Le papier peint a un débouché assuré car il répond autant aux besoins de la société que les articles d'alimentation et d'habillement. »

VÉRONIQUE DE LA HOUGUE

ARTHUR Jean
1. Tablettes royales de renommée ou almanach général d'indication, 1773.
2. Almanach général des marchands, 1775.

AUBERT Didier
1. Havard.
2. Journal œconomique, mars 1755, p. 85-88.
3. La Feuille nécessaire, 1759.

BALIN Paul
1. Archives de Paris D2 P4/18. Carnets des établissements industriels de 1864-1866 – Contributions des patentes.

BESSON
1. Institut national de la propriété industrielle, n° 510480/418 585, la société dite Papiers peints Besson, société à responsabilité limitée, 18 rue du Vieux Colombier Paris, 7 mars 1952, des papiers peints et succédanés pour tentures murales. Ce dépôt est fait à titre de renouvellement du dépôt effectué au même greffe, le 18 mars 1937 sous le n° 313 823.
2. *Ibidem*, n° 22235/207 029, 1922.
3. *Ibidem*, n° 149 337/262 055, 14 mai 1929.

BEZAULT Joseph
1. Polge, 275 faubourg Saint-Antoine, 1860.

BREPOLS
1. La société française des papiers Brepols participe à l'Exposition universelle de 1937.

BROC Jean
1. Le tableau *Le naufrage de Virginie* est maintenant conservé au Louvre, les autres tableaux ont été repérés en Russie.
2. Prospectus reproduit in Clouzot Henri, Follot Charles, *Histoire du papier peint en France*, Paris Editions d'art Charles Moreau, 1935, p. 177.

CHARVET Jean-Gabriel
1. Jean-Gabriel Charvet quitte Paris en 1809 ou 1810.

CHAUVEAU Jacques
1. Papillon Jean-Michel, *Traité de la gravure en bois*, p. 413.
2. Repérage à plusieurs planches ce qui permet l'impression de plus grands motifs.

CIETTI Pierre
1. 30 mai 1778, décès de son père Ignace Cietty à Paris.
2. 18 octobre 1784.

CLESINGER Jean-Baptiste, dit Auguste
1. Jules Desfossé, Exposition universelle de 1855. *Note pour MM. Les membres du Jury international concernant l'établissement de Jules Desfossé, fabricant de papiers peints à Paris.*

COMPAGNIE DES ARTS FRANÇAIS
1. Compagnie des Arts français, 116 rue du faubourg Saint-Honoré à Paris, destinée à des tissus, papiers, meubles pour décoration, Institut national de la propriété industrielle, 6 mars 1920.
2. Son manifeste est rédigé par Paul Valéry.

COUTURE Thomas
1. Jules Desfossé, Exposition universelle de 1855. *Note pour MM. Les membres du Jury international concernant l'établissement de Jules Desfossé, fabricant de papiers peints à Paris.*
2. Alfred Darcel, 1862, p. 379 et 380.
3. Notes de E.A. Fauconnier sur les *Desfossé et anciens du papier peint*, manuscrit, 1935-1936, musée des Arts décoratifs, Département des papiers peints.

DANOIS
1. Union centrale des Arts décoratifs – 7ᵉ Exposition organisée au Palais de l'industrie 1882 – Deuxième exposition technologique des industries d'art *Le bois – les tissus – le papier*, Alfred Firmin-Didot, p. 163.

DAUPTAIN
1. Archives de France F12/2410.
2. Archives de France F12/2285.

DELEPOULLE
1. Institut national de la propriété industrielle. Delepoulle Paul Eugène 25 rue Saint-Augustin Paris, papiers peints et succédanés, 16 août 1907, n° 51142/219 409, 31 juillet 1923.
2. *Ibidem*, renouvellement du dépôt n° 45650/102 877, 16 août 1907. *néo-décor* n° 45593/216 907 Paul Eugène Delepoulle, 25 rue Saint-Augustin, Paris, des imitations de tapisseries pour tentures murales, des papiers peints. *Renova* n° 45595/216 909 des papiers peints et succédanés, 16 avril 1923.

3. *Ibidem* n° 125642/251 610, *tentur-mur* papiers peints et succédanés pour tentures murales ainsi que les dites tentures Delepoulle société à responsabilité limitée 26 rue saint-Augustin Paris et n° 125643/251 611 *plouf* tous revêtements muraux, 6 février 1928.
4. *Ibidem*, n° 149336/262 054, *central papiers peints,* société Bricard Besson & Delepoulle, 96 boulevard Beaumarchais Paris.
5. *Ibidem*, n° 149337/262 055, *le papier peint* 14 mai 1929.
6. *Ibidem*, n° 198 938/282 816, 6 octobre 1932 *marteles.*
7. *Ibidem*, n° 188466/271 076, 5 novembre 1930.

DELTA
1. Y a-t-il un lien entre cette société et la marque déposée par la Société Bricard, Besson et Delepoulle, 96 boulevard Beaumarchais, Paris, en 1922 ? Institut national de la propriété industrielle, n° 22 235/207 029, 1921
2. Papier mural aluminium

DESFOSSÉ & KARTH
1. Avec Eugène Desfossé et Jules Karth comme administrateurs ; J. Karth se retire en 1902, E. Desfossé en 1920.
2. 68 Cannon-Street.
3. Exposition universelle de 1867, *Rapports des commissions ouvrières.*

DESFOSSÉ Jules
1. Exposition universelle de 1851, *Travaux de la Commission française sur l'industrie des nations*, tome VII.
2. Rapport du Jury mixte international 1855.
3. 50 Upper Thames Street et Beaver Street City.
4. Rapports des délégués des ouvriers parisiens à l'Exposition de Londres en 1862, publiés par la Commission ouvrière.
5. Commission impériale, Exposition de 1862.

DUFOUR & Cⁱᵉ
1. *Notices sur les objets envoyés à l'Exposition des produits de l'industrie française rédigées et imprimées par ordre de S.E.M. de Champagny, à Paris, de l'imprimerie impériale*, 1806.
2. *Bazar parisien*, 1821, p. 176 et 177.

DUFOUR & LEROY
1. Sébastien Le Normand, *Manuel du fabricant d'étoffes imprimées et du fabricant de papiers peints*, à Paris chez Léonce Laget, 1978, p. 246 et 253.

DUMAS
1. Percot, le premier asssocié, exerce son activité depuis 1811 jusqu'en 1840, 22 ou 24 Petite rue de Reuilly, 123 rue du faubourg Saint-Antoine, 9 ou 1 rue des Ormeaux, près la barrière du Trône. L'association Percot – Damery apparaît 127 rue de Charenton de 1826 à 1832.
2. *Rapport du jury mixte international*, Exposition universelle 1855, vingt-quatrième classe, Industries concernant l'ameublement et la décoration, p. 1148.
3. Valette, 32 rue Basfroi de 1887 à 1894 puis 49 rue Raspail rue de la République à Montreuil en 1896-1898, annonce sa « Spécialité de velouté noir pour couronnes. Fabrique de papiers peints. Impressions à la planche et à la machine. Bordures dorées et veloutées, veloutés unis, chêne, bois et marbres. »
4. Exposition internationale des Arts décoratifs et industriels modernes Paris 1925, *Rapport général – Tissu et Papier*, Paul Léon, p. 77.

DURY Antoine
1. Wolonski, rédacteur des travaux du dix-huitième jury de l'Exposition universelle de 1851.

DUSSAUCE Auguste
1. *Rapport du jury mixte international*, Exposition universelle de 1855, p. 1146 et 1147.
2. Magne Ch.-P., « Omissions – protestations – réparations », *L'Illustration*, 6 décembre 1862, p. 380.

DUSSERRE
1. Raymond Verninac, *Description physique et politique du département du Rhône*, Lyon, Impr. De Ballanche & Barret, an IX (1801), p. 94.
2. Alexis Grognard ayant eu comme élève Pierre Révoil, il est fort probable que ce dernier ait été dessinateur chez Dusserre car, dans le discours de réception prononcé à la société littéraire de Lyon dans la séance du 27 avril 1842 *Eloge historique de Pierre Révoil*, E.C. Martin-Daussigny dit « peu fortuné, obligé d'accepter une place de dessinateur dans une manufacture de papiers peints. Dévoué à cet établissement, dont les produits de-

vaient être nécessairement dans le goût du jour, le jeune artiste, soit par intérêt pour ses chefs, soit pour obéir à des exigences de commandes, y exécuta diverses compositions de circonstances. »

EBERT & BUFFARD
1. Archives de la Seine D31U3 carton 67/644.

FOLLOT
1. Exposition universelle, Paris, classe 19 où ils obtiennent une médaille d'argent.

FOLLOT (F.) & FILS
1. Annonce de 1899-1900.
2. Exposition universelle internationale de 1900, *Rapport du Jury international*, p. 112.

GABRIEL René
1. Exposition internationale des arts décoratifs et industriels modernes Paris 1925, *Rapport général VI – Tissu et Papier*, Paul Léon, p. 76.

GAGO
1. P. Gago demeurant à Paris 7 boulevard Bonne-Nouvelle et Ferdinand Barbedienne 6 boulevard Poissonnière, Archives de la Seine D31U3 cartons 59/667 et 75/209.

GAILLARD
1. Institut national de la propriété industrielle, n° 118552/248 593 EMG, société des anciens établissements M. Gaillard, 73 avenue Gambetta, Paris, 16 septembre 1927.

GAUTHIER
1. Ebeling, 34/38 rue Basfroi, avait lui-même repris la manufacture Gelot fondée en 1819.
2. Activité poursuivie aujourd'hui sous l'enseigne Sigmakalion.

GILLOU
1. Exposition universelle de 1867 à Paris, *Rapport du jury international*, Michel Chevalier, tome II, 1868, p. 229. Médaille d'or.
2. Exposition universelle de 1889 à Paris, catalogue officiel.
3. Union centrale des Arts décoratifs, 7ᵉ Exposition organisée au Palais de l'Industrie 1882, *Le bois – Les tissus – Le papier, Rapport du jury Troisième groupe*, Alfred Firmin-Didot, p. 164.
4. Président de la classe 68 (papiers peints) en tant que président de la Cham-

bre syndicale des fabricants des papiers de tenture.

5. Revue illustrée de l'Exposition universelle 1900, p. 82.

GIROUD DE VILLETTE Guillaume-Nicolas-André

1. Compagnon de vol de Pilâtre de Rozier dans la montgolfière lancée depuis l'enclos de la fabrique le 19 septembre 1783
2. Giroud de Villette adresse, en 1788, une pétition au roi d'Espagne où il écrit « Le ministre espagnol Mr. Conde de Aranda était en rapport avec mon disparu (défunt) frère Jean-Baptiste [en fait, André] et avec moi, depuis l'année 1786 ». La manufacture madrilène obtient le titre de Manufacture royale. Les factures conservées dans les archives du Palais Royal attestent de livraions de papiers peints à la Cour espagnole jusqu'en 1840.

GRANTIL

1. Exposition universelle de 1900, *Rapport du jury international par M. Petitjean*, classe 68, Papiers peints, p. 88.
2. Exposition internationale des Arts décoratifs et industriels modernes Paris 1925, *Rapport général – Tissu et Papier*, Paul Léon, p. 77.
3. Institut national de la propriété industrielle n° 127450/Chalons-sur-Marne n° 950, société à responsabilité limitée, 2, Faubourg Saint-Antoine à Chalons-sur-Marne, Papolea papiers peints et principalement des papiers peints à l'huile et lavables, 17 février 1928, n° 179184/Chalons-sur-Marne 975, n° 179185/Chalons-sur-Marne 976, 20 avril 1931, et encore n° 525814/1125 Chalons-sur-Marne Mr Robert Didion agissant en qualité de gérant de la S.A.R.L. Grantil à Chalons-sur-Marne Pinpan, marque apportée à papiers peints de Nancy, Grantil, 8 décembre 1949.

GRUIN

1. Institut national de la propriété industrielle, n° 18925/205 470, 19 juin 1906.
2. *Ibidem*, Sana, papiers vernis et lavable, 17 septembre 1913.
3. *Ibidem*, n° 118510/248 551, 14 septembre 1927.
4. *Ibidem*, n° 18925/205 470.
5. *Ibidem*, n° 117427248 115, 17 août 1927.
6. *Ibidem*, n° 83620/233 513, 2 juillet 1925.
7. *Ibidem*, n° 136940/256 532 Fixaluminor, 136941/256 533 Fonsimplex, 136942/256 534 Pailletés, 136943/256 535 Vernis glacés.

8. *Ibidem*, n° 153 300/263 684 Sana-lux, 9 août 1929.
9. Exposition internationale des arts décoratifs et industriels modernes Paris 1925, *Rapport général – Tissu et Papier*, Paul Léon, p. 77 – Hors concours, membre du jury.
10. *Ibidem*, Sana (17 septembre 1913) et Sana-lux (9 août 1929), procès verbal d'essai du CNAM. Parmi les autres créations de Maurice Gruin, la colle de fécule pour la préparation des couleurs, un système de marche fixe ou libre sur les mêmes machines, un procédé d'imitation de toiles laquées Vieilles laques.
11. *Ibidem*, n° 166134/269 134 Pégé, n° 166135/269 144 Pegeco, n° 166136/269 144 *p.g. & co.*
12. 18 novembre 1931, n° 186 062/277 439.

HOOCK

1. Exposition universelle Paris 1867, *Rapport du jury international*, tome III, p. 228 – « Elle expose : 1er un grand décor Louis XIV, peint par M. Dumont ; la pièce principale est imprimée par 373 planches et 218 couleurs ; 2e des figures allégoriques, style néo-grec, représentant les cinq parties du monde ; 3e une tenture veloutée à deux laines, et des papiers de vente courante tels que teinte de fond, coloris, reproduction d'étoffes, etc. »

IMPRESSIONS DU LANDY

1. Institut national de la propriété industrielle, n° 17103204 690, 1921, La Plaine Saint Denis (Seine).

JACQUEMART & BENARD

1. Sans doute Bellanger.
2. Rohard et son fils Joseph-Alexandre.
3. « Ouvriers occupés au broyage des laines, à la composition des papiers veloutés, au lissage, au collage, emballage, au transport des marchandises, au rognage des papiers en rames, au fonçage, ou employés aux deux autres établissements (fabriques de minium, mine rouge et bleu de Prusse. »
4. Archives de France, F12 2285.
5. Lycée des Arts.
6. 1807.
7. Exposition de l'industrie française, an V de la République (1797).
8. Exposition des produits de l'industrie française, an IX (1801).
9. Exposition des produits de l'industrie française, an X (1802) « Les Cns Jacquemart et Besnard ont obtenu une médaille de bronze à l'Exposition de l'an IX. »
10. Exposition des produits de l'industrie française, 1806, p. 90 et 91.

JACQUEMART

1. La manufacture est alors exploitée par un certain Delavigne.
2. Exposition des produits de l'industrie française, 1819 « Il pense que cette fabrique est toujours très digne de la distinction qui lui a été accordée en 1806. »
3. Exposition des produits de l'industrie française, 1823, rappel de médaille d'argent.
4. « Fabrique 39 rue de Montreuil – Magasin 1 rue de la Paix. À l'Exposition de 1819, où M. Jacquemart a obtenu une médaille d'argent, le Jury a distingué un nouveau moyen d'imiter les ornements en or, qui produit beaucoup d'effet.
Déjà cette fabrique avait reçu une médaille de bronze en 1802, et une médaille d'argent en 1806, médaille d'argent en 1809 et 1823. Il avait cette année, exposé une tenture veloutée à fleurs, une autre en velouté cramoisi, rehaussée d'or, et une en fond vert uni, dont rien n'approche pour la beauté d'exécution et la fraîcheur du coloris. Les ornements en or sont imités d'après un procédé particulier à M. Jacquemart, et le vert uni que nous tirions de l'étranger recommande l'auteur de cette décoration aux amis de notre industrie. M. Jacquemart fournit depuis vingt-deux ans les établissements actuels du gouvernement. » *Bazar parisien*, 1821 p. 286, 1822-1823 p. 283, 1824 p. 275, 1825 p. 357, 1826 p. 475
5. Exposition des produits de l'industrie française, 1827, rappel de médaille d'argent.
6. Exposition des produits de l'industrie française, 1834.

JOSSE

1. *Rapports des délégués des ouvriers parisiens* à l'Exposition universelle Londres 1862, p. 418.

JOUANNY

1. Institut national de la propriété industrielle, n° 4457/199 084, Fama, 20 décembre 1920.

JOURDAIN Francis

1. Institut national de la propriété industrielle n° 56005/221 452, société anonyme Innovation pour les papiers peints, toiles et tentures murales, 104 avenue des Champs-Elysées, Paris, le 20 novembre 1923.
2. *Ibidem* n° 82949/232 532, decora au nom de la société Innovation 104 avenue des Champs-Elysées Paris pour papiers peints, tissus imprimés... tapis et tentures, 8 mai 1925.

3. Exposition internationale des arts décoratifs et industriels modernes Paris 1925, *Rapport général – Tissu et Papier*, Paul Léon, p. 76.

KOB & G. PICK
1. *Rapport du jury central sur les produits de l'agriculture et de l'industrie exposés en 1849*, Paris, p. 526.
2. Exposition de Londres, *Rapport sur l'industrie des papiers pour tentures*, Jean Zuber, p. 13.
3. Exposition universelle, Paris, 1855, *Rapport du jury mixte international*, p. 1148, le jury international leur décerne une médaille de 2ᵉ classe.

LAPEYRE
1. Exposition des produits de l'industrie française en 1839, *Rapport du Jury Central*, p. 333.
2. Exposition des produits de l'industrie française en 1844, *Rapport du Jury Central*, tome III, p. 344 et 345.

LE MARDELE & Cⁱᵉ
1. Bottin de 1894.
2. Album illustré p. 357.

LEGRAND
1. Thiéry, *Guide des amateurs et des étrangers, voyageurs à Paris*, 1787, tome II. Soit, 31 rue d'Orléans, Saint-Marcel.

LERAY
1. En fait, l'association avec Velay dure du 22 février 1807 au 4 avril 1810. Par ce biais, il est donc successeur de Schmidt établi dès l'an VIII 10 rue Lenoir dans la fabrique Sonnerat construite par Giroud de Villette.
2. Bazar parisien 1821, 1823, 1824, 1825, 1826.

LEROY
1. Exposition universelle Paris 1867, *Rapport du jury international*, tome III, p. 229 et 230. Une médaille d'argent lui est attribuée.
2. Exposition universelle 1900, *Rapport du jury international par M. Petitjean*, p. 87.
3. Exposition internationale des arts décoratifs et industriels modernes Paris 1925, *Rapport général – Tissu et Papier*, Paul Léon, p. 77.

4. Institut national de la propriété industrielle, n° 128421/563 Melun, 128422/564 Melun, 128423565 Melun, 128424/566 Melun, 12845/567 Melun, 22 mars 1928.

LETOURMY Jean-Baptiste
1. *Étrennes Orléanaises*, Le Gall, éditeur, 1775.
2. Henri Clouzot et Charles Follot, *Histoire du papier peint en France*, 1935, p. 20.

LINCRUSTA WALTON FRANCAISE
1. Institut national de la propriété industrielle, n° 16037204 274, 30 mars 1881.
2. *Ibidem*, 31 décembre 1898.
3. *Ibidem*, 24 février 1899, Loreïd, étoffes imperméables, imitation cuir, vernis & papiers vernis, toile tailleur.
4. *Ibidem*, 25 février 1905, Luo, genre de décor de notre fabrication Cⁱᵉ Lincrusta Walton française, Pierrefitte.
5. *Ibidem*, 25 mars 1911 et Supra 13 juillet 1911.
6. *Ibidem*, 2 décembre 1913, La Lincrusta-Walton est une tenture murale imperméable qui peut être lavée et ne retient pas la poussière. Elle présente un relief et peut être colorée.
7. *Ibidem*, 25 mai 1918, Loréol un tissu enduit translucide et imperméable pour vitrages.
8. *Ibidem* n° 16037/204 274 et n° 10245 201 629 tenture soierie 1921
9. *Ibidem* n° 113367246 574, le 20 mai 1927.
10. *Ibidem*, n° 128041252 636, 20 mars 1928, Papier nippon, papier de tenture gaufré, repoussé et décoré à la main.
11. *Ibidem*, n° 16037/204 274, n° 22235/207 029 et n° 22304/207 098 – n° 22235/207 029, 1922 et n° 145040/260 19, 19 février 1929.
12. Exposition internationale des Arts décoratifs et industriels modernes – 1925, *Rapport général – Tissu et papier*, p. 77 – Catalogue général, p. 261.

MADER
1. *Bazar parisien*, 1825, p. 358 ; 1826, p. 475.

MADER FRERES
1. Exposition des produits de l'industrie française en 1844, *Rapport du jury central*, tome troisième, Paris imprimerie de Fain et Thunot, 1854, p. 343 et 344.
2. *Rapport du jury central sur les produits de l'agriculture et de l'industrie exposés en 1849*, tome III, Paris Imprimerie nationale, 1850, p. 527.

MARE André
1. Édités par la Compagnie des Arts français, la Société française du papier peint, André Groult, etc.
2. Exposition internationale des arts décoratifs et industriels modernes Paris –

1925, *Rapport général – Tissu et Papier*, Paul Léon, p. 75.

MARGUERIE
1. Exposition des produits de l'industrie française en 1844, *Rapport du jury central*, tome III, p. 348. Le jury décerne une médaille de bronze à M. Marguerie.
2. Exposition de Londres, 1851, p. 13.
3. Exposition universelle de 1855, *Rapport du jury mixte international*, p. 1148.

MÉRY
1. Archives de la Seine, D31U3 carton 95/251.
2. Archives de la Seine D³P4/18, Carnets des établissements industriels 1864-1866 – Contributions des patentes – le quartier de Picpus.

MULLER Édouard
1. Stephan Franzovitch Ladvèze (1817-1854).
2. Lebert Henri, *Notice sur les développements du dessin d'impression des toiles peintes en Alsace*, 1862.

MYRIAM
1. M. Orliaguet Léon , Paris, 70 rue de Bony – papiers peints *Myriam*, Institut national de la propriété industrielle n° 82105/232 902, 28 mai 1925.

PAPIER PARISIEN
1. Institut national de la propriété industrielle, n° 136647 / 256 428, Floralyx, 31 août 1928.
2. *Ibidem*, n° 150100/262 298, Rustyx 28 mai 1929.
3. *Ibidem*, n° 212707/288 593, Néocolor, 30 août 1933

PAPIERS PEINTS DE FRANCE
1. Extrait de la Revue *Œuvres et Maîtres d'œuvre*, livraison n° 21 – Fascicule Décoration n° 8.
2. Institut national de la propriété industrielle, n° 154083/263 949, 4 septembre 1929.
3. *Ibidem*, n° 165764/268 926, 3 juin 1930.
4. *Ibidem*, n° 170437/270 730, n° 170438/270 731, 15 octobre 1930.

PAPIERS PEINTS DE NANCY
1. Institut national de la propriété industrielle, n° 4622/1804 Greffe du Tribunal de Commerce Jarville, 1ᵉʳ novembre 1921, Société Les Arts graphiques modernes dirigée par Léon Heck.
2. N° 525814/1125 Chalons-sur-Marne Mr Robert Didion agissant en qualité de

gérant de la S.A.R.L.Grantil à Chalons-sur-Marne Pinpan, marque apportée à papiers peints de Nancy, Grantil, 8 décembre 1949.
3. Sous la direction artistique de Zofia Rostad et Kerchekaian.

PAPILLON
1. Ec 2Fol, n° 76, Tirage dans le recueil des « Œuvres des Papillon » conservé au Cabinet des estampes de la Bibliothèque de France.
2. Gusman Pierre, Byblis – Miroir des arts du livre et de l'estampe, printemps 1924, p. 18 à 22.

PAPYRUS
1. Institut national de la propriété industrielle, n° 134001/255 328, 2 juillet 1928, papiers peints et succédanés pour tentures murales.
2. Ibidem, n° 524377/384324, 8 mars 1948, société à responsabilité limitée.

PAULOT CARRÉ MARSOULAN
1. Devenu 5 impasse de Reuilly en 1830.
2. Bazar parisien, 1826, p. 476.
3. 1797, année au cours de laquelle il dépose des modèles de papiers peints. Au Cabinet des Estampes de la Bibliothèque nationale.

PETERS LACROIX
1. Usines Peters-Lacroix : UPL.
2. Liquidation 20 septembre 1979.
3. Ibidem, n° 8931, Néophanie, 23 février 1910.
4. Institut national de la propriété industrielle, n° 9506, 11 juillet 1910.
5. Ibidem, Brocatine, 12 février 1913
6. Ibidem, n° 16784, 20 mai 1915, Sanolin.

PETITJEAN
1. Exposition universelle de Paris en 1889, Catalogue officiel, Décor japonais impression de 2 mètres de haut en 8 lés en douze couleurs.
2. Exposition universelle de Paris en 1900, papiers peints classe 68, Rapport de jury international, Émile Gillou, p. 115 La Journée : cette composition de 16 lés, mesurant 2 mètres de haut chacun, comprenait 183 cylindres. Cette composition était certainement une des plus remarquables de l'Exposition de la classe 68.
3. Employé depuis trente ans, directeur de l'usine Petitjean.
4. Institut national de la propriété industrielle, 15 février 1904, 99 boulevard Diderot, papiers peints pratiques : des papiers peints, tentures de tous genres ; papiers peints universels : tentures universelles ; tentures pratiques : Décors pratiques ; papiers peints économiques : tentures économiques ; tentures personnelles : papiers peints personnels ; hygiénic : Hygiéniques ; igienic : igièniche.
5. Ibidem, n° 153495/263 699, 12 août 1929, Novitas société à responsabilité limitée, ancienne maison Petitjean, Dauchy et Seigneuret à Paris 4 et 6 rue Fabre d'Eglantine représentée par Henri Gruin, l'un des gérants au siège.

PETTIER Colette
1. Dont elle devient sociétaire.
2. À partir de 1932.

POLICH Martin
1. Le papier peint par M Rioux de Maillou, Extrait de Les arts du bois, des tissus et du papier à la 7e Exposition de l'Union centrale des Arts décoratifs, Paris, p. 364.

POTERLET Henri
1. Union centrale des Arts décoratifs, 7e Exposition organisée au Palais de l'industrie 1882, Alfred Firmin-Didot, p. 168. Dessins et modèles – décoration du papier – plaquette de bronze, M. Poterlet (Henri).

POTERLET Victor
1. Le papier peint par M Rioux de Maillou, Extrait de Les arts du bois, des tissus et du papier à la 7e Exposition de l'Union centrale des Arts décoratifs, Paris, p. 364 à 366.
2. Bulletin officiel de l'Union centrale des Arts décoratifs, 3 place des Vosges, p. 88.

PRUD'HON Pierre-Paul
1. « La place ne nous permet plus de mentionner que deux dessins de Prud'hon, exécutés par le grand peintre pour être reproduits en papier peint, pièces dignes de leur auteur et du cabinet d'où elles proviennent, de la si précieuse collection de M. Beurdeley. » Musée centennal des classes 66, 69, 70, 71, 97 Mobilier & décoration à l'Exposition universelle internationale de 1900 à Paris, Rapport de la Commission d'installation.

REVEILLON Jean-Baptiste
1. Papiers obtenus par l'adjonction de poudre de laine.
2. Archives de France F12 1477, Extrait des registres du Conseil d'Etat.
3. Ibidem.

4. « Comme papiers drapés, peints, nués peints, imprimés, imitant les damas, petits points, moères, satins, lampasses, perses, indiennes, papier de Chine et généralement toutes les étoffes françaises et étrangères à l'usage de l'ameublement. »
5. Mercure de France, juillet 1776.
6. Mercure de France, 13 janvier 1784
7. 1765-1789.

RICHOUD
1. Indicateur de Lyon 1813.
2. Raymond Verninac, Description physique et politique du département du Rhône, Lyon, Impr. de Ballanche & Barret, an IX (1801), p. 94.
3. Rapport adressé au ministre de l'Intérieur, 3 décembre 1811.
4. Dominique Mottet-Degérando, De l'alliance du commerce avec les sciences et les arts, discours de réception lu dans la séance publique de l'Académie royale des sciences, belles-lettres et arts de Lyon, du 2 mai 1820, Lyon, Impr. de Ballanche & Barret, 1820, 46 p.

RIOTTOT Jules & PACON
1. L'art et l'industrie à l'Exposition de 1867, p. 294.
2. Archives de la Seine D3P4/18, Carnets des établissements industriels 1864-1866 – Contributions des patentes – le quartier de Picpus.
3. Rapport du jury central sur les produits de l'agriculture et de l'industrie exposés en 1849, p. 528.
4. Exposition universelle Paris 1855, Rapport du jury mixte international, p. 1148.

ROBERT François
1. Annonces, affiches et faits divers, n° 115, 25 nivôse an IX et n° 125, 5 pluviôse an IX.
2. Journal des inventions et découvertes, publié par le Lycée des Arts, septembre 1795.
3. AN F12 2285.
4. AN F12 2281.

RUEPP Robert
1 Exposition universelle 1900, Rapport du jury international, M. Petitjean, p. 90 et 91. Son exposition lui vaut une médaille d'or avec félicitations du jury.

RUHLMANN Émile-Jacques
1. Exposition internationale des Arts décoratifs et industriels modernes Paris – 1925, Rapport général – Tissu et Papier, Paul Léon, p. 75.

SAUVAGE Henri

1. Institut national de la propriété industrielle, Henri-Albert Sauvage, 282 rue Saint-Jacques, Paris. Des papiers peints, tentures de tous genres Lino-décor tentures murales en toile-cuir Lino-tenture, 13 juillet 1904.

SEVESTRE

1. Exposition des produits de l'industrie française en 1844, *Rapport du jury central*, tome III, p. 347.

SIMON

1. Archives de France, F¹² 82 p. 786.
2. *Almanach de Paris*.
3. *Bazar parisien*, 1822-1823, p 480 et 481 – correspondants à Rio (Brésil), New York.
4. *Notices sur les objets envoyés à l'Exposition des produits de l'industrie française*, 1806, p. 91.
5. *Rapport du jury central sur les produits de l'industrie française* , Paris, 1819, p. 152. Le jury lui décerne une médaille d'argent.
6. *Rapport sur les produits de l'industrie française présenté au nom du jury central*, Paris, 1824, p. 147, le jury l'a jugée, en 1823, toujours digne de la médaille d'argent.
7. *Bazar parisien*, 1825, p. 360 ; 1826, p 476.

SOCIÉTÉ ANONYME DES ANCIENS ÉTABLISSEMENTS DESFOSSÉ & KARTH

1. *Rapport du jury international*, Exposition universelle internationale de 1900, p. 112 et 113.

SOCIETE FRANCAISE DES PAPIERS PEINTS

1. Institut national de la propriété industrielle, Société française des papiers peints, société anonyme, siège social à Paris, 48 rue de Provence, 1926.
n° 183372276 315, marques Klina et Vraiment lavable, société française des papiers peints, 137 faubourg Saint-Denis, Paris, 2 septembre 1931 ; n° 521467/ 422 586 *Essefor*, 29 septembre 1952.

STÉPHANY Henri

1. Exposition internationale des Arts décoratifs et industriels modernes Paris – 1925, *Rapport général – Tissu et Papier*, Paul Léon, p. 76.

SÜE Louis

1. Édités par la Compagnie des Arts français, la Société française du papier peint, André Groult, etc.
2. Exposition internationale des arts décoratifs et industriels modernes Paris – 1925, *Rapport général – Tissu et Papier*, Paul Léon, p. 75.

TÉTREL Prosper

1. Exposition universelle 1900, *Rapport du jury international*, M. Petitjean, p.91.

TURQUETIL

1. *Notice sur la maison Turquetil Bd Voltaire à Paris à Messieurs les membres du jury de la classe 22*, 15 juillet 1878.
2. L'art industriel à l'exposition de 1867, p. 289.
3. Union centrale des arts décoratifs, 7ᵉ Exposition organisée au Palais de l'industrie 1882, Deuxième exposition technologique des industries d'art, *Le bois – les tissus – le papier*, Alfred Firmin-Didot, p. 166 et 167 : « La commission a profité de la forme coopérative de l'association de la maison Turquetil et Ce en attribuant à son personnel une médaille d'or collective, classant à son véritable rang la production économique et de bonne qualité de cette fabrique de papiers peints. »
4. Le 10 juillet 1896.

VELAY

1. Dans l'ancienne manufacture dirigée par Sonnerat puis Schmidt et construite par Giroud de Villette.
2. *Bazar parisien*, 1819.
3. *Rapport du jury central sur les produits de l'industrie française*, Paris, 1819, p. 153.

VERA Paul

1. Dans celui exposé en 1925, il « fait voltiger des colombes & des papillons autour de roses détachées ; il encadre de feuillages harmonieux des groupes de baigneuses. » Exposition internationale des arts décoratifs et industriels modernes, Paris-1925, *Rapport général – Tissu et Papier*, Paul Léon, p. 75.

VERKINDÈRE & Cᵉ

1. Institut national de la propriété industrielle, n° 521936/5077 Tourcoing, 6 septembre 1952, Établissements Verkindere & Cᵉ, société à responsabilité limitée dont le siège est situé à Hallouin (Nord), 94 rue de la Lys pratiquant l'impression de papiers peints et succédanés pour tentures murales.

VITRY

1. Bel établissement construit en 1862, 12 tables – Archives de paris D² P4 18, Carnets des établissements industriels 1864-1866, Contributions des patentes - Le quartier de Picpus.

WAGNER

1. « Le papier peint par M Rioux de Maillou », extrait de *Les arts du bois, des tissus et du papier* à la 7ᵉ Exposition de l'Union centrale des Arts décoratifs, Paris, p. 366.

ZUBER

1. *Notices sur les objets envoyés à l'Exposition des produits de l'industrie française*, p. 91.
2. *Rapport du jury central sur les produits de l'industrie française*, Paris, 1819, p. 152 et 153.
3. *Rapport du jury central sur les produits de l'industrie française exposés en 1834*, Paris, p. 232. « M. J. Zuber, qui a eu tant d'influence sur les progrès de l'art de fabriquer les papiers pour tenture, a exposé un décor remarquable par l'excellent goût du dessin et l'harmonie des couleurs ; il a tous les droits possibles au rappel de la médaille d'or qui lui fut décernée à l'Exposition de 1834. » Exposition des produits de l'industrie française en 1839, *Rapport du jury central*, p. 331. « M. Zuber a exposé [en 1844] un grand nombre de papiers variés d'une exécution soignée tout à fait digne de celui qui, le premier, imprima au rouleau sur papier, comme on imprime sur calicot. » Exposition des produits de l'industrie française en 1844, *Rapport du jury central*, p. 341
4. *Rapport du jury central sur les produits de l'agriculture et de l'industrie exposés en 1849*, Paris, p. 524.
5. Exposition universelle de 1851, *Travaux de la Commission française sur l'industrie des nations*, Tome VII.
6. Exposition universelle 1855, *Rapport du jury mixte international*.
7. Exposition universelle 1867, *Rapport du jury mixte international*, tome III, p. 227 et 228.
8. Suite à la défaite et à la séparation de l'Alsace – Lorraine.
9. Qui concentre l'activité de la fabrique sur les papiers panoramiques et la production de haut de gamme.

BRUIGNAC Véronique de
Bordures et Frises – papiers peints – musée des Arts décoratifs, Paris, Réunion des Musées nationaux, 1991

BRUIGNAC Véronique de
Fleurs et Motifs – papiers peints – musée des Arts décoratifs, Paris, Réunion des Musées nationaux, 1991

BRUIGNAC Véronique de
Le papier peint, Paris, éditions Massin, Arts et techniques, 1995

BRUIGNAC - LA HOUGUE Véronique de
Le papier peint depuis 1800, Le Faubourg Saint-Antoine, Architecture et métiers d'art, Action artistique de la ville de Paris, 1998, p. 114-117

CLOUZOT Henri
Le Papier peint en France, du XVIIe siècle au XIXe siècle, Paris, Van Oest, 1931

CLOUZOT Henri ;
FOLLOT Charles
Histoire du papier peint en France, Paris, Editions d'art Charles Moreau, 1935

DUCHARTRE Pierre-Louis ;
SAULNIER René
L'Imagerie populaire : les images de toutes les provinces françaises du XVe siècle au Second Empire, Paris, Librairie de France, 1925

FABRY Philippe de
« Dessins et dessinateurs de la manufacture Jean Zuber et Cie 1790-1870 », *Bulletin de la Société industrielle de Mulhouse*, numéro 2/1984, p. 101-105

GUIBERT Mireille
Papiers peints, 1800-1875 : collection de la Bibliothèque Forney, Paris, Société des amis de la Bibliothèque Forney, 1980

HOSKINS Lesley
sous la direction de, *The papered Wall, the History, Patterns and Technology of Wallpaper*, Londres, Thames and Hudson, 1994

JACQUÉ Bernard
sous la direction de, *Les papiers peints en arabesques de la fin du XVIIIe siècle*, Paris, La Martinière, 1995

LA HOUGUE Véronique de
« Les fabricants de papiers peints à Lyon de la fin du XVIIIe siècle et durant la première moitié du XIXe siècle », *Bulletin de la Société historique, Archéologique et Littéraire de Lyon*, année 2002, tome XXXII, Lyon, 2004, p. 13-47

LENORMAND Louis-Sébastien
« Description de l'art du fabricant de papiers à tenture de toute espèce », Paris, *Annales de l'industrie nationale et étrangère*, 1822

LYNN Catherine
Wallpaper in America – from Seventeenth Century to World War I, New York, Norton, 1980

NOUVEL Odile
Papiers peints français 1800-1850, Fribourg, Office du livre, 1981

NOUVEL-KAMMERER Odile
sous la direction de, *Papiers peints panoramiques 1790-1865*, Paris, Flammarion, 1990

PAPILLON Jean-Michel
Traité historique et pratique de la gravure en bois, Paris, Pierre Guillaume Simon, 1776, 2 vol.

SAUNDERS Gill
Wallpaper in Interior Decoration, Londres, V&A Publications, 2002

TEYNAC Françoise ;
NOLOT Pierre ; VIVIEN Denis
Le Monde du papier peint, Paris, Berger-Levrault, 1981

THÜMMELER Sabine
Die Geschichte der Tapete – Raumkunst aus Papier : Aus des Beständen des Deutschen Tapetenmuseums Kassel, Kassel, Minerva, 1998

THÜMMELER Sabine
Tapetenkunst – Französische Raumgestaltung und Innendekoration von 1730-1960, Kassel, Minerva, 2000

VELUT Christine
« L'industrie dans la ville : les fabriques de papier peint du faubourg Saint-Antoine 1750-1820 », *Revue d'histoire moderne et contemporaine*, Paris, janvier-mars 2002, n° 49-1, p. 115-137

VELUT Christine
Le papier peint 1750-1820 – Le Faubourg Saint-Antoine – Architecture et métiers d'art, Action artistique de la ville de Paris, 1998, p. 99-101

VELUT Christine
Décors de papier – production, commerce et usages des papiers peints à Paris – 1750-1820, Paris, MONUM Editions du Patrimoine, Temps et Espace des Arts, 2005

EXPOSITIONS

L'imagerie populaire et catalogue de la collection du musée historique et archéologique de l'Orléanais, Musée des beaux-arts d'Orléans, 20 septembre-11 décembre 2005

Le bon motif, Papiers peints et tissus, Les trésors de la Bibliothèque Forney, Paris Bibliothèques, 2004

Trois siècles de papier peint, Paris, musée des Arts décoratifs, Paris, 22 juin – 15 octobre 1967

Catalogues des expositions du musée du Papier peint de Rixheim publiés depuis son ouverture en 1983

Dominos ou papiers dominotés

Gravures sur papier imprimées avec une presse à vis et mises en couleur, ils portent le nom et l'adresse du fabricant, le numéro du modèle inscrits en marge. Certains sont ornés de motifs imprimés à l'aide d'une même planche de bois se répétant à l'infini ; d'autres sont à raccord et s'impriment avec plusieurs planches de bois. Les papiers de tapisserie à planches à raccord qui relèvent de la même catégorie, se déploient sur plusieurs hauteurs et largeurs.

Les dominos sont rehaussés de couleurs à base d'encre, d'huile ou en détrempe, posées au pinceau ou au pochoir à l'aide de patrons découpés.

Ils sont collés sur le mur à joints superposés mais servent aussi en tabletterie et pour couvrir des livres.

Duplexage

Opération consistant à doubler le papier peint d'un papier de support.

Flocage

Le papier, imprégné d'une couche de colle grâce à un cylindre gravé en relief, passe sur une grille chargée d'électricité. Le champ électrostatique ainsi créé attire les fibres sur le papier qui est battu. Les fibres s'agglomèrent alors sur les endroits encollés. Le papier est ensuite séché dans un four, refroidi et brossé mécaniquement.

Gaufrage

Procédé identique à l'impression en relief. Dans le cas présent, le gaufrage s'obtient par passage entre deux cylindres : un cylindre en acier gravé en creux et une contrepartie en papier formée par pression en relief.

Impression au cadre plat

Utilisée depuis 1970 pour la fabrication des papiers peints haut de gamme, cette technique emploie un cadre plat photogravé. Chaque dessin est décomposé en un nombre de couleurs donné ; puis un calque est exécuté pour chacune d'elles, en partie manuellement, en partie électroniquement par dessin assisté à l'ordinateur. Le calque, transformé en un cliché photographique, est insolé par contact sur le cadre tendu d'une gaze polyester enduite d'une couche photosensible à la lumière. Après dépouillage, c'est-à-dire, développement dans l'eau, les motifs à imprimer apparaissent ouverts dans la gaze polyester.

De longues tables permettent l'impression des papiers peints réalisée par des ouvriers déplaçant les cadres composant le dessin grâce à un chariot manuel et étendant la couleur sur les parties non obstruées de la toile avec une racle.

Impression au cadre rotatif ou impression sérigraphique

Dans les années 1980, le principe du cadre plat est transposé sur un module circulaire continu et adapté à la machine.

Le cadre rotatif, tube de nickel perforé sans soudure, peut être perforé ou « galvano ». Lors de l'impression sérigraphique, la matière colorée, émulsion vinylique contenant des agents aisément transformables en gaz, est éjectée par les trous laissés ouverts puis gélifiée à une température moyenne de 130 à 160 degrés. Après superposition de tous les encrages, le papier est passé dans un four d'expansion qui libère les gaz à 220-240 degrés et gonfle la pâte à la façon d'une mousse. Les machines sont alignées et indépendantes par encrage. Leur vitesse varie de quarante à soixante mètres par minute. L'impression en double ou triple largeur dispense de procéder à une passe de finition.

Impression au cylindre

Appelé aussi impression traditionnelle, ce mode d'impression apparaît dans les années 1840, une fois le papier mécanique adopté. C'est un système d'impression en relief, en continu.

La matière imprimante utilisée est une couleur à l'eau constituée d'une charge (craie ou kaolin), de colle animale, végétale ou même synthétique, et de pigments divers.

Les machines employées comptent deux, douze, vingt-quatre ou vingt-six couleurs. Elles se composent d'un grand tambour tournant de deux à trois mètres de diamètre autour duquel sont fixées des « mains », correspondant chacune à une couleur. Une main comprend un cylindre imprimeur, un feutre sans fin et une bassine contenant la couleur. Le papier entraîné sur le tambour passe successivement sous chaque cylindre alimenté par le drap sans fin qui prend lui-même sa couleur sur un cylindre barboteur en laiton trempant dans une bassine. L'imprimeur détermine la quantité de couleur à fournir par l'intermédiaire du feutre en serrant plus ou moins les rouleaux entre eux. L'excédent peut être également ôté grâce à une racle en contact avec le feutre. Le séchage s'effectue soit grâce à un système de baguettes de bois ou « chemin », soit au four. Soixante à quatre-vingts mètres sont imprimés à la minute.

Impression en flexogravure

Apparaît dans les années 1960-1970. Réservée dans les premiers temps à l'impression des aplats importants et nombreux, cette technique permet de travailler en transparence, d'obtenir une impression plus précise, plus rapide et meilleur marché. Ses limites résident dans la qualité des dégradés continus et la puissance de la coloration.

Le cylindre gravé est en caoutchouc ou en matière souple, c'est-à-dire en plastique ou photopolymère. La matière imprimante est une encre à l'eau ou à solvant, extrêmement fluide, à séchage rapide, permettant la superposition de couleur sur couleur.

La machine d'impression est équipée de quatre à huit encrages. Deux cents à trois cents mètres sont imprimés à la minute.

Impression en héliogravure
Procédé d'impression en creux, conçu selon le principe de la trichromie, permettant tous les dégradés et toutes superpositions. Cette technique assure la meilleure définition et la plus intense coloration des papiers peints. Les cylindres sont en acier chromé ; les encres sont à base de solvants. La machine héliographique permet l'impression de cent à trois cents mètres à la minute.

Impression chromolithographique
Impression lithographique en couleur, c'est-à-dire reproduction par estampage d'un dessin tracé sur une pierre calcaire.

Impression numérique
Impression directe par jet d'encre pour laquelle on utilise obligatoirement un support intissé. L'impression numérique est toujours en 57 centimètres de largeur.

Impression au pochoir
Un carton ou une feuille de papier épais, huilé, découpé selon le motif à reproduire, est posé sur la surface à décorer. La couleur est ensuite appliquée à travers la découpe, des pattes servant à repérer le positionnement du dessin et des diverses couleurs. Largement utilisée par les maîtres dominotiers, cette technique fut employée à nouveau à la fin du XIXe et au début du XXe, le pochoir en zinc remplaçant alors fréquemment le pochoir en papier.

Impression en relief ou gaufrage
À l'aide de deux plaques, une plaque mère, en cuivre ou en laiton, et une contre-plaque complémentaire en carton, le papier peint est gaufré, encré et reçoit un relief. Pour cela, la plaque en métal est préala-

blement chauffée, le papier est glissé entre les deux plaques puis pressé à l'aide du balancier dont l'énorme vis centrale sert à maintenir le papier entre les deux plaques de gaufrage.

Impression à la planche de bois
Vers le milieu du XVIIIe siècle, l'adoption de rouleaux formés de feuilles de papier assemblées, le papier rabouté, bouleverse le mode d'impression. Le rouleau de papier est alors étalé sur une table constituée de solides madriers couverts de draps afin d'obtenir une surface à la fois souple et rigide. Puis le bois gravé, la planche d'impression, est appliqué sur le papier à décorer et la force de l'estampage est exercée, d'abord à l'aide d'un maillet, et par la suite grâce à un levier sur l'extrémité duquel un enfant saute afin de communiquer la pression nécessaire à l'impression. Le papier est déplacé sur la table au fur et à mesure des besoins de l'imprimeur. Ajoutons qu'entre chaque couleur imprimée à la détrempe, le papier est mis à sécher.
À la table est lié un bac à couleurs formé d'un tamis tendu de deux peaux enfermant une couche de colle liquide destinée à éviter la formation de bulles d'air qui risqueraient de provoquer l'apparition de lacunes dans la couche picturale lors de l'impression.
Les couleurs sont constituées de trois éléments : le pigment d'origine végétale, minérale ou chimique, le liant qui est généralement de la colle de peau de lapin tiédie, et une charge en blanc ou craie de Meudon plus ou moins forte selon la transparence ou l'opacité souhaitée.
Une planche ou plusieurs, si le dessin à reproduire est de grande dimension, est gravée pour chaque couleur.
Les planches sont formées elles-mêmes de trois épaisseurs de bois, deux couches de bois tendre placées en fil et contre-fil et une cou-

che supérieure en bois fruitier sur laquelle le dessin est gravé en épargne dans la masse de telle façon que ce sont les parties en relief qui impriment. Des picots, points de repère en cuivre, sont placés aux angles de la planche et guident l'imprimeur dans son travail ; ils sont essentiels pour « rentrer » les bois suivants. Parfois, afin de favoriser l'adhérence de la couleur, la planche est garnie de morceaux de feutre à chapeau bordés de profilés de cuivre : c'est le chapeautage.

Impression en taille douce
Papiers se caractérisant par un dessin dont le motif est gravé en creux sur une plaque de cuivre puis estampé avec l'aide d'une presse à vis. Les couleurs, huile ou encres, sont ensuite appliquées manuellement soit par « pinceautage », soit par application de pochoirs. Fort rarement, cette technique fut exécutée avec des cylindres métalliques.

Impression en tontisse
Procédé d'impression identique à l'impression à la détrempe permettant d'imiter le velours. Dans ce cas, l'ouvrier imprime le papier avec un siccatif et place le rouleau de papier encollé dans une longue boîte appelée « tambour » contenant de la poudre de laine colorée. Puis, le fond de ce tambour est battu en cadence, avec des baguettes, pendant un temps déterminé. Après séchage du papier, celui-ci est brossé irrégulièrement de façon que la poudre de laine ne subsiste alors que sur les parties préalablement encollées. Parfois, si le dessin le demande, des rehauts colorés, plus clairs ou plus foncés, sont imprimés à la détrempe sur la tontisse lui conférant ainsi un modelé.

Pinceautage
Action d'appliquer les couleurs au pinceau.

TABLE DES ILLUSTRATIONS

Mémoires de papier, référence FC 6242, années 1990.
3. Compagnie des Arts français éditeur, André Mare dessinateur, 1927, inv. 992.516.
4. Ramure, Contrepoint S.A. éditeur, collection *La route du papier*, référence 6105, années 1990.

p. 54-55
1. *La prière*, Thomas Couture, Jules Desfossé fabricant, 1861, inv. 25447.
2. *Les Pierrots* ou *Les Prodigues*, Thomas Couture, Jules Desfossé fabricant, 1855.
3. Edmé Couty dessinateur, vers 1900, inv. Département des arts graphiques 7741.
4. Edmé Couty dessinateur, vers 1900, inv. Département des arts graphiques 7743.
5. Edmé Couty dessinateur, vers 1900, inv. Département des arts graphiques CD 3675.
6. Edmé Couty dessinateur, vers 1900, inv. Département des arts graphiques 7740.

p. 56-57
1. René Crevel dessinateur, Société française des papiers peints fabricant, Editions d'Art Essef, 1930-1931, inv. 2007.13.5.1.
2. A. Croissant fabricant, Dubois dessinateur, vers 1880, inv. HH 160.
3. René Crevel dessinateur, Société française des papiers peints fabricant, Editions d'Art Essef, 1930-1931, inv. 2007.12.12.2.
4. Maurice Crozet dessinateur, Société anonyme des Anciens Établissements Desfossé & Karth fabricant, 1922, inv. DK 11072.
5. *Rinceaux de feuilles*, Maurice Crozet dessinateur, Société anonyme des Anciens Établissements Desfossé & Karth fabricant, 1929, inv. DK 11627.
6. *Cubiste*, Maurice Crozet dessinateur, Société anonyme des Anciens Établissements Desfossé & Karth fabricant, 1930, inv. DK 11629.

p. 60-61
1. Danois fabricant ?, vers 1880, inv. 48570.41.
2. Danois fabricant ?,vers 1880, inv. 48570.41.
3. Danois fabricant, Baude dessinateur, vers 1880, inv. HH 3022.

p. 62-63
1. Daumont fabricant, fin XVIIᵉ siècle, inv. 10935.
2. Daumont fabricant, fin XVIIᵉ siècle, inv. 10936.
3. Daumont fabricant, fin XVIIᵉ siècle, inv. 10934.

p. 64-65
1. Dauptain fabricant, Victor Poterlet dessinateur, 1828, inv. HH 981.
2. Dauptain fabricant, vers 1845, inv. HH 907.
3. Dauptain fabricant, Victor Poterlet dessinateur, vers 1850, inv. HH 187.
4. *Attributs de musique*, Dauptain fabricant, 1805-1810, inv. HH 469 A.
5. Dauptain fabricant, vers 1810-1820, inv. 51657.1 et 2.

p. 66-67
1. DécoFrance fabricant, 1970, référence 5279.
2. *Blissful*, Décograf fabricant, collection panoramiques n° 3, référence 012 304, vers 1975, inv. 989.143.1.

3. *La révolution de 1830*, Deguette & Magnier fabricant, vers 1835, inv. 51654.
4. DécoFrance fabricant, 1970, réf. 5112.

p. 68-69
1. Delepoulle éditeur, Société anonyme des Anciens Établissements Desfossé & Karth fabricant, 1920, inv. DK 10952.
2. Delepoulle éditeur, Société anonyme des Anciens Établissements Desfossé & Karth fabricant, 1920, inv. DK 10981.
3. Delepoulle éditeur, Société anonyme des Anciens Établissements Desfossé & Karth fabricant, 1920, inv. 52391.10982.

p. 70-71
1. Délicourt fabricant, vers 1850, inv. HH 210.
2. *Les grandes chasses*, Délicourt fabricant, Antoine Dury dessinateur, 1851, inv. 29809.
3. *Les grandes chasses*, Délicourt fabricant, Antoine Dury dessinateur, 1851, inv. 29809.
4. Délicourt fabricant, 1854, inv. 29655.
5. Délicourt fabricant, Antoine Dury dessinateur, vers 1855, inv. HH 211.

P. 72-73
1. *Spring time*, Delta fabricant, 1973, référence 7115 7 série 93 3.
2. *Les côtes de Gênes*, Jean-Julien Deltil dessinateur, Zuber fabricant, 1864, inv. 21167.
3. Maurice Denis dessinateur, 1893, inv. 45355.
4. Delta fabricant, vers 1970.
5. *Cluny*, Claude Barte dessinateur, Delta fabricant, 1972.
6. Delta fabricant ?, vers 1970.
7. *Chaville*, Delta fabricant ?, vers 1970.

p. 74-77
1. Jules Desfossé fabricant, 1855, inv. 29643.
2. Jules Desfossé fabricant, Cron dessinateur, 1865, inv. DK 5107.
3. *Grand coloris*, Jules Desfossé fabricant, 1857, inv. DK 3190.
4. Jules Desfossé fabricant,1856-1857, inv. DK 2759.
5. *Alhambra*, Jules Desfossé fabricant, Durrand dessinateur, 1857, inv. 2985.
6. *Galerie de Flore*, Jules Desfossé fabricant, 1857, inv. 29602.
7. *Bordure mythologique*, Jules Desfossé fabricant, 1855, inv. 29620.
8. Jules Desfossé fabricant, Wagner dessinateur, 1855, inv. 48776.
9. *Décor Paul et Virginie*, Jules Desfossé fabricant, Mader créateur, 1842, inv. 29594.
10. *Décor floral Louis XVI*, Jules Desfossé fabricant, Edouard Muller dessinateur, 1863, inv. HH 200.
11. Jules Desfossé fabricant, Edouard Muller dessinateur, vers 1855, inv. 48570-18.

p. 78-79
1. Jules Desfossé fabricant, Edouard Muller dessinateur, 1859, inv. DK 3337.
2. *Mauresque*, Jules Desfossé fabricant, Edouard Muller dessinateur, 1868, inv. 52415.5843 A7.
3. Jules Desfossé fabricant, 1874, inv. DK 7995.
4. *Fantaisie japonaise*, Jules Desfossé fabricant, 1875, inv. DK 6872.
5. Jules Desfossé fabricant, Christopher Dresser dessinateur, 1879, inv. 52386.7416.
6. Jules Desfossé fabricant, 1873, inv. DK 6473.

7. Jules Desfossé fabricant, 1874, inv. 52419,6628.

p. 80-81
1. *Liberté*, Deyrieux fabricant, vers 1790, inv. 2003.161.3.
2. A. Dubois dessinateur, vers 1880, inv. HH 1036.
3. Duchesne fabricant, vers 1900, inv. 992.722.
4. Deyrieux fabricant ?, vers 1795, inv. 12338 D.
5. Deyrieux fabricant ?, vers 1795, inv. 12338 B.
6. Deyrieux fabricant ?, vers 1795, inv. HH 2097.
7. Duchesne fabricant, vers 1900, inv. 992.722.
8. Duchesne fabricant, vers 1900, inv. 992.722.
9. Duchesne fabricant, vers 1900, inv. 992.722.

p. 82-83
1. *Le retour du messager d'amour*, Dufour & Cie fabricant, vers 1815, inv. HH 2121.
2. Dufour & Cie fabricant, vers 1805, inv. 29587.3.
3. Dufour & Cie fabricant, vers 1815, inv. HH 2713.
4. Dufour & Cie fabricant, vers 1820, inv. HH 2002.64.3.
5. Panneau intermédiaire de la *Galerie mythologique*, Joseph Dufour fabricant, 1812, inv. 12337.
6. *Galerie mythologique*, Joseph Dufour fabricant, 1812, inv. 12337.

p. 84-85
1. Dumas fabricant, Victor Poterlet dessinateur, vers 1845, inv. HH 716.
2. Dumas fabricant, collection PEP, référence 4629.HR, vers 1965.
3. Dufour & Leroy fabricant, vers 1824, inv. 29807 A.
4. Dufour & Leroy fabricant, 1834-1835, inv. HH 2791.
5. Dufour & Leroy fabricant, 1834, inv. HH 924.
6. Dumas fabricant, collection *Fulgor*, vers 1965, inv. Li 200(1) référence 7784.W2.
7. Dumas fabricant, collection *PEP*, référence 4619.HA, vers 1965.
8. Dumas fabricant, Victor Poterlet dessinateur, 1845, inv. HH 190.
9. Dumas fabricant, collection *Festival*, référence 3173 T, vers 1965.
10. Dumas fabricant, collection *Fulgor*, référence 7632.W3, vers 1965, inv. Li 200(1).

p. 86-87
1. Victor Dumont dessinateur,vers 1880, inv. 29662.
2. Dumas fabricant, 1750-1800, inv. 47100.
3. Victor Dumont dessinateur, vers 1880, inv. 29660.

p. 88-89
1. Dusserre fabricant ?, années 1780, inv. 48820.
2. *Les grandes chasses*, Antoine Dury dessinateur, Étienne Délicourt fabricant, 1851, inv. 29809.
3. *La jeunesse*, Antoine Dury dessinateur, Étienne Délicourt fabricant, 1855, inv. 29809.

p. 92-93
1. Ébert & Buffard fabricant, 1800-1830, inv. HH 2214.
2. *La Vigie de Koat Ven*, Eugène Ehrmann et Jugoly dessinateurs, Zuber fabricant, 1862, inv. 29560.
3. Élitis éditeur, collection *Comédies*, 1997, référence PP13304.
4. Eugène Ehrmann dessinateur, Zuber fabricant, 1868-1869, inv. HH 883.
5. Ébert & Buffard fabricant, 1800-1830, inv. HH 2315.
6. Élitis éditeur, collection *Comédies*, 1997, référence PP13802.
7. Ébert & Buffard fabricant, 1800-1830, inv. HH 2211.

p. 94-95
1. Georges d'Espagnat ?, André Groult éditeur, Société anonyme des Anciens Établissements Desfossé & Karth fabricant, 1920-1921, inv. 51391.10970.
2. Étamine fabricant, collection *Coromandel* d'après des documents japonais du musée des Arts décoratifs, vers 1985, références 1220.10, 12220.12 et 1230.04, inv. 56763.
3. Erlytt dessinateur, Leroy fabricant, 1954-1959.
4. Erlytt dessinateur, Leroy fabricant, 1954-1959, référence 762.
5. Erlytt dessinateur, Leroy fabricant, 1954-1959, référence 751 .
6. Erlytt dessinateur, Desfossé & Karth fabricant, 1954-1959, référence 427.

p. 96-97
1. Fardis fabricant, collection *Batavia*, 1975, référence 75067.
2. *Retour du marché*, Farine fabricant ?, vers 1840, inv. 988.841.
3. Jean-Baptiste Fay dessinateur, Jean-Baptiste Réveillon fabricant, 1785-1788, inv. 19074.
4. *Guillaume Tell délivre la Suisse*, attribué à Farine fabricant, vers 1840, inv. 988.840.
5. Sélection d'Yves Taralon, Fardis fabricant, collection *Grande tradition*, 17, 1983, référence 105.23 .
6. Sélection d'Yves Taralon, Fardis fabricant, collection *Grande tradition*, 17, 1983, référence 104.23.
7. Fardis fabricant, collection *Batavia*, 1975, référence 75068.

p. 98
1. Ferrouillat fabricant ?, fin XVIIIᵉ siècle, inv. 54171.

p. 100
1. Follot fabricant, 1900, inv. HH 42.1.

p. 102-103
1. Follot fabricant, vers 1920, inv. 993.45.2.
2. Follot fabricant, vers 1948.
3. Follot fabricant ?, vers 1950, inv. 56762.
4. Follot fabricant, vers 1960, inv. 987.641.
5. Follot fabricant, vers 1960.

p. 104-105
1. *La ville*, Jean-Michel Folon, dessinateur Zuber fabricant, 1974, inv. 45719.2.1.
2. Percier et Fontaine dessinateurs, 1805, inv. 99.38.1.

3. *Zimmia*, Suzanne Fontan dessinatrice, Nobilis fabricant, 1936, inv. 46689.
4. *Foultitude*, Jean-Michel Folon, dessinateur Zuber fabricant, 1974, inv. 45722 B.
5. Percier et Fontaine dessinateurs, vers 1810, inv. 993.171.3.2.
6. Percier et Fontaine dessinateurs, vers 1810, inv. 993.171.3.1.
7. *Belle de jour*, Suzanne Fontan dessinatrice, Nobilis fabricant, 1945, inv. 41640.
8 Suzanne Fontan dessinatrice, Nobilis fabricant, 1939, inv. 41638.
9. *Les monuments de Paris*, Suzanne Fontan dessinatrice, Nobilis fabricant, 1945, inv. 41641 A.

p. 106-107
1. Foucray fabricant, William Carson design dessinateur, 1973-1987, référence CA 1304.
2. Foucray fabricant, Arca dessinateur, 1973-1987, référence 2213.
3. Foucray fabricant, Rouzaud dessinateur, 1973-1987, référence R3182.
4. Foucray fabricant, Kvasnevki dessinateur, 1973-1987, référence 12781.
5. Foucray fabricant, Peter Sunderland - Norman Wild dessinateurs, 1973-1987, référence 1306.
6. Foucray fabricant, R. Poulet dessinateur, 1973-1987, référence 06055.
7. Foucray fabricant, Gabriel Brissot dessinateur, 1973-1987, référence C 1531.
8. Foucray fabricant, Germond et Guillard dessinateurs, 1973-1987.

p. 108-109
1. Foucroy fabricant, vers 1700, inv. 9265.
2. *Avril*, Alexandre Evariste Fragonard dessinateur, Joseph Dufour fabricant, 1808, inv. 50836 B.
3. *Les paniers fleuris*, Pierre Frey, 1989.
4. *Barnabé*, Pierre Frey fabricant, 1975, inv. 993.40.5.
5. *Clémentine*, Pierre Frey fabricant, inv. 993.40.4.
6. *Papillons*, Pierre Frey, 1992.
7. *Bordure Tyrol*, Pierre Frey, 1998.

p. 110-111
1. *Le Brésil*, Joseph Fuchs dessinateur, Jules Desfossé fabricant, 1862, inv. 52446
2. René Fumeron dessinateur, Société française des papiers peints fabricant, vers 1960, inv. 2007.12.6.1.
3. René Fumeron dessinateur, Dumas fabricant, 1955.
4. René Fumeron dessinateur, Société française des papiers peints fabricant, vers 1949, inv. 2007.12.5.

p. 114-115
1. *L'île de France*, René Gabriel dessinateur et fabricant, 1912-1920, inv. 44176 B.
2. Gago fabricant ?, vers 1840, inv. 2002.64.5.
3. Gaillard Motel fabricant, 1970-1971, inv. Li 211 (31).
4. *Rosée d'or*, René Gabriel dessinateur et fabricant, 1912-1920, inv. 44177 B.
5. *Les perruches*, René Gabriel dessinateur et fabricant, 1912-1920, inv. 44179.
6. Attribué à Gago fabricant, milieu XIXᵉ siècle, inv. 2000.87.17.
7. *Avril*, René Gabriel dessinateur, Nobilis fabricant, 1936, inv. 41620.

8. Gaillard Motel fabricant, collection *Festival*, référence 7106 B, vers 1965.
9. Gaillard Motel fabricant, collection *Festival*, référence 7092 T, vers 1965.

p. 116-117
1. Gaillard fabricant, vers 1925.
2. Garat marchand, Zuber fabricant, 1844, inv. HH 856
3. *Moellons gris*, Adrien Garcelon dessinateur, Inaltéra fabricant, référence 3854.8, 1958, inv. 997.91.3.1.
4. Gaillard fabricant ?, vers 1925, inv. 40049.
5 Velours *Le rayonnant*, Adrien Garcelon dessinateur, Société anonyme des Anciens Établissements Desfossé & Karth fabricant, 1929, inv. 52420.11570.29.
6. Gaillard fabricant, vers 1925, inv. 53263.1.
7. Gaillard ?, 1920, inv. 56861.

p. 118
Garnier fabricant, milieu XVIIIᵉ siècle, inv. HH 4000.34.

p. 120-121
1. Victor Poterlet dessinateur, 1860-1870, inv. HH 2917.
2. Balin fabricant, vers 1860.
3. Genoux fabricant, Grandy dessinateur, 1835-1840, inv. HH 2794.

p. 122-123
1. *Versailles*, Germain fabricant, vers 1930.
2. Germain marchand, Sanderson dessinateur, 1910-1911.
3. Germain marchand, Peters Lacroix fabricant ?, début XXᵉ siècle.
4. Germain marchand, vers 1900.
5. Germain marchand, Pickardt et Siebert fabricant, vers 1900.
6. Germain marchand, Sanderson fabricant, vers 1938.
7. Germain marchand, vers 1900.
8. Germain marchand, Allan Cocksuth fabricant, 1900.
9. Germain marchand, vers 1900.

p. 124-125
1. *Décor Piette*, Gillou fabricant, vers 1873, inv. HH 198 D.
2. Gillou fabricant, vers 1860.
3. Gillou fabricant, 1867, inv. HH 216.
4. Giroud de Villette fabricant, vers 1785, inv. 990.742.
5. Gillou fabricant, vers 1860, inv. HH 215.

p. 126-127
1. Grantil fabricant, collection *La lumière et la gaîté dans la maison*, 1967, référence 6091.CR.
2.Grantil et Didion, vers 1860.
3. Grantil fabricant, 1926-1927, références 14990.421 et 14839.421, inv. 2002.172.1.1.
4. Grantil fabricant, 1937-1938, référence 17272.411, inv. 2002.172.1.8.
5. Grantil fabricant, 1927-1928, référence 15329.431, inv. 2002.172.1.2.
6. Grantil fabricant, 1929-1930, référence 980.41, inv. 2002.172.1.4.
7. Grantil fabricant, 1931-1932, référence 987.42.23.00, 8100.42.46.06, inv. 2002.172.1.5.

8. Grantil fabricant, collection *La lumière et la gaîté dans la maison*, 1967, référence 1621.AL.
9. Grantil fabricant, 1927-1928, référence 15312.481, inv. 2002.172.1.2.
10. Grantil fabricant, collection *La lumière et la gaîté dans la maison*, 1967, référence 5083.H.

p. 128-129
1. Groult dessinateur et éditeur, Hans fabricant, 1915-1930, inv. FNAC 2197 B.
2. *Perroquets*, Groult dessinateur et éditeur, Hans fabricant, 1915-1930, inv. FNAC 2197 A.
3. *Bouquets et rubans*, Groult éditeur, Francis laboureur dessinateur, Hans fabricant, 1915-1930, inv. FNAC 2197 AB.
4. Groult dessinateur et éditeur, Hans fabricant, 1915-1930.
5. Groult dessinateur et éditeur, Hans fabricant, 1915-1930, inv. 987.907.

p. 130-131
1. Gruin fabricant, collection *Self Raccord*, référence 3028.D, 1970.
2. Gruin fabricant, vers 1930, inv. 2000.81.30.
3. Gruin fabricant, vers 1930, *Le hameau de Marie-Antoinette*, référence 9412, vers 1930, inv. 2000.81.43.
4. Gruin fabricant, vers 1930, inv. 2000.81.38.
5. Gruin fabricant, vers 1930, inv. 2000.81.41.
6. Gruin fabricant,vers 1930, SANA, inv. 2000.81.32.
7. Gruin fabricant, vers 1930, inv. 2000.81.40.
8. Gruin fabricant, collection *Self Raccord*, 1970, référence 3028.D.
9. Gruin fabricant, vers 1930, inv. 2000.81.31.

p. 132-133
1. Guichard dessinateur, Turquetil fabricant, vers 1880, inv. HH 541.
2. *Marie-Amélie*, Victor Guéritte dessinateur, Jules Desfossé fabricant, vers 1860, inv. 2000.87.7.
3. Victor Guéritte dessinateur, Jules Desfossé fabricant, vers 1860, inv. HH 803.
4. Victor Guéritte dessinateur, Jules Desfossé fabricant, 1864, inv. 21168.

p. 136-137
1. Hans fabricant, 1969-1970, A.H.F référence 9236.64.
2. Hans fabricant, 1969-1970, A.H.F référence 9457.
3. Hippolyte Henry dessinateur, vers 1845, inv. HH 130.
4. Hans fabricant, vers 1965.
5. Hans fabricant, A.H.F.

p. 138-139
1. Hoock fabricant, vers 1865, inv. HH 208 ?
2. Jean-Baptiste Huet dessinateur, Jean-Baptiste Réveillon fabricant, 1789, inv. 50412.
3. Impressions du Landy fabricant, vers 1950.
4. Hoock fabricant,1855, inv. HH 196 B.
5. Hoock fabricant, 1860-1870.
6. *Les chansons françaises*, Impressions du Landy fabricant, Gaillard Motel éditeur, vers 1970.

p. 140-141
1. *Slalom*, Inaltéra fabricant, référence 6814, vers 1967, inv. Li 211 (43).

2. Inaltéra fabricant, collection n° 753, référence 3067.18, 1959, inv. 997.91.3.1.
3. Inaltéra fabricant, collection n° 753, référence 3872.11, 1959, inv. 997.91.3.1.
4. Inaltéra fabricant, collection n° 753, référence 3880.3, 1959, inv. 997.91.3.1.
5. *Morphée*, Inaltéra fabricant, référence 586, vers 1965, inv. 997.91.3.1.
6. Inaltéra fabricant, collection n° 753, référence 3869.2, 1959, inv. 997.91.3.1.
7. Inaltéra fabricant, collection n° 753, 1959, inv. 997.91.3.1.
8. Inaltéra fabricant, 1959.

p. 144-145
1. Jacquemart & Bénard fabricant, vers 1805, inv. 2004.175.7.
2. Jacquemart & Bénard fabricant, vers 1795, inv. 2004.175.4.
3. Jacquemart & Bénard fabricant, 1794, inv. 50676.
4. *Soubassement*, Jacquemart & Bénard fabricant, vers 1800, inv. 991.270.1 à 5.
5. Jacquemart & Bénard fabricant, 1794-1795, inv. 50760.
6. Jacquemart & Bénard fabricant, 1794-1797, inv. 50661.
7. *L'automne*, Jacquemart & Bénard fabricant, 1794-1797, inv. 2002.81.1.

p. 146-147
1. Jacquemart fabricant, 1825, inv. 15860.
2. Jacquemart fabricant, 1825, inv. 15865 G.
3. Jacquemart fabricant, Victor Poterlet dessinateur, 1840-1850, inv. HH 491.
4. Jacquemart fabricant, Victor Poterlet dessinateur, vers 1835, inv. HH 478.
5. Jacquemart fabricant, 1837, inv. 2000.87.2.
6. Jacquemart fabricant, vers 1835, inv. HH 485.
7. Jacquemart fabricant, 1838 1794-1797, inv. 2000.87.5.
8. Jacquemart fabricant, 1838, inv. HH 468.

p. 148-149
1. Francis Jourdain dessinateur, Follot fabricant, vers 1925, référence 1297, inv. 993.45.3.
2. Josse fabricant, vers 1862, inv. HH 1263.
3. Jouanny fabricant, milieu XIXᵉ siècle, inv. 52373.
4. Francis Jourdain dessinateur, vers 1925, inv. 41685.
5. Josse fabricant, vers 1862, inv. HH 1264.
6. Josse fabricant, vers 1862, inv. HH 1265.
7. Josse fabricant, vers 1862, inv. 29693.

p. 150-151
1. Engelhard & Karth, vers 1860.
2. Kob & Pick fabricant, vers 1860, inv. HH 876.
3. Ferdinand Krumbholz dessinateur, Riottot fabricant, 1854, inv. HH 885.
4. Karth fabricant ?, Victor Poterlet dessinateur, 1860-1870, inv. HH 1975.
5. Karth fabricant ?, Victor Poterlet dessinateur, 1860-1870, inv. HH 2918.
6. Kob fabricant ?, vers 1840, inv. 2000.79.1.22.
7. Kob fabricant?, vers 1840, inv. 2000.79.1.36.
8. Kob fabricant?, vers 1840, inv. 2000.79.1.43.

p. 154-155
1. *La clef des Mains*, La champenoise fabricant, référence 7441.5, 1970-1971.
2. *Chasse et pêche*, Lapeyre fabricant, 1846, inv. 41447.
3. Bordure du décor *Chasse et pêche*, Lapeyre fabricant, 1846, inv. 29592.
4. Lapeyre fabricant, inv. HH 703.
5. La champenoise fabricant, référence 6815.3, 1970-1971.
6. Lapeyre fabricant, 1841, inv. HH 703 détail.

p. 156-157
1. *Les singes*, Marie Laurencin dessinateur, Groult fabricant, inv. 41441.
2. Claude Leblond fabricant, vers 1770, inv. HH 1002.
3. Jean Leblond fabricant, milieu XVIIIᵉ siècle, inv. 998.126.99.
4. Claude Leblond fabricant, vers 1770, inv. 998.126.40.

p. 158-159
1. *Nénuphars*, Alain Le Foll dessinateur, Zuber fabricant, 1974, inv. 45718.
2. *Claviers de couleurs* n° 32148, Le Corbusier dessinateur, Forbo Salubra fabricant, 1932, référence 32148, inv. 2003.66.1.
3. *Falaises*, Alain Le Foll dessinateur, Zuber fabricant, 1976, inv. 45721.
4. Lecerf fabricant, 1864, inv. HH 492 A1.
5. Lecerf fabricant, 1859, inv. HH 1969.
6. Lecerf fabricant, vers 1860, inv. HH 527 B.

p. 160-161
1. Le Mardelé fabricant, 1925, référence 16084, inv. 2000.84.2.
2. Le Mardelé fabricant, 1925, référence 16077, inv. 2000.84.2.
3. Le Mardelé fabricant, 1924, référence 15387, inv. 2004.175.6.
4. Le Mardelé fabricant, 1924, référence 15313, inv. 2004.175.6.
5. Le Mardelé fabricant, 1925, référence 16538, inv. 2000.84.2.
6. Le Mardelé fabricant, 1925, référence 15589, inv. 2000.84.2.

p. 162-163
1. Legrand fabricant , 1810, inv. HH 2668.
2. Legrand fabricant, Verthier dessinateur, 1797.
3. Legrand fabricant, Audouin dessinateur, 1803.

p. 164-165
1. *Tabora*, Leleu éditeur, Follot fabricant, 1972, inv. 995.48.2.1.2.
2. *Antoinette*, Leleu éditeur, Follot fabricant, 1972, inv. 995.48.2.5.1.
3. *Chemin de halage*, Georges Lemoine, Zuber fabricant, 1972, inv. 45719.
4. *Tabora*, Leleu éditeur, Follot fabricant, 1972, inv. 995.48.2.1.5.
5. *Les bouquets*, Paule Leleu dessinateur, Leleu éditeur, Follot imprimeur, 1948, inv. 2007.33.1.
6. *Tokyo*, Leleu éditeur, Folot fabricant, 1972.

p. 166-167
1. Leray fabricant, 1813, inv. HH 2692.
2. Leray fabricant, 1810, inv. HH 2681.
3. Lerouge fabricant, 1800, inv. HH 3030.

p. 168-169
1. Leroy fabricant, 1919-1920,
inv. 52105.20974 D.
2. Leroy fabricant, 1928-1929,
inv. 2000.81.11.
3. Leroy fabricant, 1919-1920,
inv. 2000.81.69.
4. Leroy fabricant, 1928-1929,
inv. 2003.73.19.
5. Leroy fabricant, 1921-1922, inv. 56429.
6. Leroy fabricant, 1925-1930,
inv. 2000.81.54.
7. Leroy fabricant, 1919-1920,
inv. 2000.81.133.
8. Leroy fabricant, 1925-1930.
9. Leroy fabricant, 1898-1899,
inv. 51846.241.
10. Leroy fabricant, 1919-1920,
inv. 52101.20698.
11. Leroy fabricant, 1919-1920,
inv. 51976.18334.

p. 170-171
1. Leroy fabricant, 1930-1931,
inv. 2000.81.65.
2. *Alhambra*, Leroy fabricant, 1867,
inv. HH 860.
3. Leroy fabricant, vers 1970,
inv. 52271.30114.
4. Leroy fabricant, 1919-1920,
inv. 52102.130.
5. Leroy fabricant, 1919-1920,
inv. 52103.071.

p. 172-173
1. *Manhattan*, Les Dominotiers éditeur,
Eliane Dugimont dessinateur, Decograf fabricant, vers 1975, référence 130 607.
2. Les Dominotiers diffuseur, collection 2
Uppsala, Duro fabricant, vers 1975,
référence 115057.
3. *Fälgar*, Les Dominotiers diffuseur,
collection 2 Uppsala, Duro fabricant,
vers 1975, référence 115251
4. *L'Annonciade et Persienne*, Les Dominotiers éditeur, Eliane Dugimont dessinateur,
Decograf fabricant, vers 1975, références
130 631 et 130 625
5. Les associé, milieu XVIIIe siècle, inv. 45095.
6. Les associé, milieu siècle, inv. 32522 B.

p. 174-175
1. Les fils d'André Paille, collection *Trianon 1*,
1976, référence 11159.
2. ESSEF Mesonyl, Les fils d'André Paille,
collection *Trianon 1*, 1976, référence 11021.
3. Les fils d'André Paille, collection *Trianon 1*,
1976, référence 11019.

p. 176-177
1. Letourmy fabricant, XVIIIe siècle,
inv. HH 1004.
2. Levasseur dessinateur, vers 1880.
3. Letourmy fabricant, vers 1775,
inv. 998.126.124.126.12.
4. Letourmy fabricant, vers 1775,
inv. HH 4000.42.2.
5. Levasseur dessinateur, 1865-1875,
inv. HH 1042.
6. Lièvre dessinateur, 1860-1870,
inv. 29679.
7. Lièvre dessinateur, 1860-1870,
inv. 29692.
8. Levasseur dessinateur, 1865-1875,
inv. HH 1041.

p. 178-179
1. Lincrusta Walton française fabricant.
2. Lincrusta Walton française fabricant.
3. Lincrusta Walton française fabricant,
vers 1900.

p. 180-181
1. *Les fusées*, Jean Lurçat dessinateur,
1927, inv. 55624.
2. LZC dessinateur et éditeur, ESSEF
fabricant, 2005, inv. 2007.35.2.1.
3. LZC dessinateur et éditeur, ESSEF
fabricant, 2005, inv. 2007.35.1.1.
4. *Les Mazeraies*, Jean Lurçat dessinateur,
1927, inv. 55625.
5. Petru, Jean Lurçat dessinateur, 1927,
inv. 55623 .
6. *Celui qui aime écrit sur les murs*,
Jean Lurçat dessinateur, 1927, inv. 55621.
7. Jean Lurçat dessinateur, 1927, inv. 55628.

p. 184-185
1. Mader fabricant, vers 1830, inv. 51664.
2. Mader père fabricant, vers 1825,
inv. 29546 B.
3. Mader fabricant, vers 1825, inv. 29567 B.
4. Mader fabricant, vers 1825, inv. HH 2790.
5. Mader père fabricant, vers 1825,
inv. 29565 B.

p. 186-187
1. Veuve Mader fabricant, années 1840,
inv. 51685 (DK 4).
2. Veuve Mader fabricant, années 1840,
inv. 51700 (DK 11).
3. Veuve Mader fabricant, années 1840,
inv. 51662 (DK 59).
4. Mader fabricant, 1830-1840, inv. 51686
(DK 24).
5. Mader fabricant, 1830-1840, inv. 51709
(DK 31).
6. Mader fabricant, 1851, inv. 51694 (DK 17).

p. 188-189
1. J.-L. Malaine dessinateur, Hartmann
Risler fabricant, vers 1800, inv. 29589 A.
2. Marchand fabricant, vers 1850,
inv. HH 1991.
3. André Mare dessinateur, Compagnie
des Arts français éditeur, 1918-1919,
inv. 992.512.
4. J.-L. Malaine dessinateur, Zuber fabricant,
1797, inv. HH 950.
5. Marchand fabricant, vers 1850,
inv. HH 2032.
6. Marchand fabricant, vers 1860,
inv. HH 761.
7. Marchand fabricant, 1860-1869,
inv. HH 1141 C.

p. 190-191
1. Marguerie fabricant, vers 1860,
inv. 29813 B.
2. Paule Marrot dessinateur, Papiers peints
de Nancy fabricant, inv. Li 202 t II.
3. *Avril*, Paule Marrot dessinateur, Nobilis
éditeur, Dumas fabricant, inv. 41626.
4. Paule Marrot dessinateur, Follot fabricant,
1936, inv. 41620.
5. Ateliers Martine dessinateur, 1912,
inv. 2005.37.13.2.
6. Ateliers Martine dessinateur, Société anonyme des Anciens Établissements Desfossé
& Karth fabricant, 1919, inv. 2005.37.12.
7. Ateliers Martine dessinateur, Société anonyme des Anciens Établissements Desfossé

& Karth fabricant, 1919, inv. 52391.10899.
8. Ateliers Martine dessinateur, Société anonyme des Anciens Établissements Desfossé
& Karth fabricant, 1919, inv. 52391.10886.

p. 192-193
1. *Pastorale*, Mauny-Berlène fabricant,
Jean Chatanay dessinateur, vers 1937,
inv. 41433 A.
2. Méry dessinateur, 1802, inv. 29519.
3. Méry dessinateur, Joseph Dufour fabricant,
référence 2012, vers 1820, inv.HH 923.
4. Méry dessinateur, inv. référence 2649.
5. *Cosmos*, Mauny-Berlène fabricant,
Féraud dessinateur, 1962, inv. 41436.
6. *Soutache*, Mauny-Berlène fabricant,
Jean Chatanay dessinateur, 1937, inv. 41431.
7. *Joliette*, Mauny-Berlène fabricant, Charles
Bardet dessinateur, vers 1948, inv. 41435 C.
8. *Chelsea*, Mauny-Berlène fabricant, 1962,
inv. 41437.

p. 194-195
1. Philippe Model dessinateur, 2007.
2. Philippe Model dessinateur,
Galerie Sentou éditeur, 2004.
3. Philippe Model dessinateur, 2007.
4. Philippe Model dessinateur, 2007.
5. Philippe Model dessinateur, 2007.
6. Philippe Model dessinateur, 2007.
7. Philippe Model dessinateur, 2007.

p. 196-197
1. *Les vues de Suisse*, P.-A. Mongin dessinateur, Zuber fabricant, 1806, inv. 29265.
2. Montecolino éditeur, collection *Actuels
classiques*, référence 22108,
inv. 2002.171.52.
3. Morisot ?, XIXe siècle, inv. 54448.
4. Morisot ?, XIXe siècle, inv. 54449.
5. Montecolino éditeur, collection *Unis*,
2001, référence 23111, inv. 2002.171.53.

p.198-199
1. Henri Muller dessinateur, ?
2. Edouard Muller dessinateur, inv. HH 1035.
3. *Passion flower*, Myriam éditeur, collection
Coloroll, référence 12/394.
4. Edouard Muller dessinateur,1850-1870,
inv. HH 1033.
5. Edouard Muller dessinateur, inv. 48570.11.
6. Edouard Muller dessinateur, inv. 48570.19.
7. Edouard Muller dessinateur, inv. 48570.10.
8. Myriam éditeur, collection *Coloroll*,
référence 12/359 1360.
9. Myriam éditeur, collection *Coloroll*,
référence 12/359 1360.
10. Diagonal, Myriam éditeur, collection
Modern time 2, Vallo éditeur (Norvège),
référence 135, inv. 53801.

p. 202-203
1. *Il rêvait à son tour*, Nobilis éditeur, Robert
Le Héros dessinateur, 1998, référence RLH
482/475, inv. 2002.77.39.
2. *La belle que voilà*, Nobilis éditeur, Suzanne
Fontan dessinateur, référence 10220.
3. Nobilis éditeur, Jean Gourmelin
dessinateur, 1948, inv. 46674.
4. Nobilis éditeur, S. Baron dessinateur,
Dumas fabricant, 1937, inv. 41631.
5. Nobilis éditeur, 1951, référence 40616,
inv. 2000.86.15.
6. *Pucelle*, Nobilis éditeur, Suzanne Fontan
dessinateur, collection *Douce France n° 1*,
1964, référence 10270.

7. Nobilis éditeur, 1951, référence 40063,
inv. 2000.86.15.
8. Nobilis éditeur, 1951, référence 40210,
inv. 2000.86.15.

p. 204-205
1. Leroy, vers 1930, inv. 2000.81.52
2. Leroy fabricant, vers 1950 ?,
inv. 2000.81.72.
3. Grantil fabricant, référence 15185.421,
1926-1927, inv. 2002.172.1.1.
4. Papiers peints de France, vers 1925,
inv. 988.112 A.
5. Grantil fabricant, référence 17547.471
série DS, 1938-1939, inv. 2002.172.1.9.
6. Papiers peints de France, vers 1925,
inv. 993.454.1.
7. Papiers peints de France, vers 1925,
inv. 2000.81.67.
8. Papiers peints de Nancy fabricant, Annie
Chazottes dessinateur, collection *Style deb'*,
référence 41050.12, 1968-1969.
9. Papiers peints de Nancy fabricant, Annie
Chazottes dessinateur, collection *Style deb'*,
référence 41049.14, 1968-1969.
10. Papiers peints de Nancy fabricant,
collection *Liberty*, référence 535,1975-1976.
11. *Troïka*, Papiers peints de Nancy fabricant,
Zofia Rostad dessinateur, collection Style
deb', référence 42075.N, 1968-1969.
12. *Groupuscules*, Papiers peints de Nancy
fabricant, Annie Chazottes dessinateur,
collection *Style deb'*, 1968-1969.
13. Papiers peints de Nancy fabricant,
collection *Liberty*, référence 535,1975-1976.
14. *Olga*, Papiers peints de Nancy fabricant,
collection *Liberty*, référence 535,1975-1976.

p. 206-207
1. Les papiers peints de Rocroy marchand,
Sélection 75, référence 3532.3, 1975.
2. Papillon fabricant, vers 1715, inv. 20847.
3. Les papiers peints de Rocroy marchand,
référence 3651.5, 1975.
4. Les papiers peints de Rocroy marchand,
référence 3654.3, 1975.

p. 208-209
1. Paulot fabricant, 1809, inv. HH 2698.
2. Carré fabricant, vers 1825, inv. HH 2131.

p. 210-211
1. Pellé fabricant, 1774-1780,
inv. 2006.32.8.
2. n° 382, Perdoux fabricant, 1773-1805,
inv. 998.126.100.
3. n° 392, Perdoux fabricant, 1773-1805,
inv. 2006.32.4.1.

p. 212-213
1. *La journée*, Petitjean fabricant, 1900.
2. Peters Lacroix, collection *Ile de France*,
1965, référence 875.9659.06, inv. 211 (18).
3. Peters Lacroix fabricant, vers 1925,
référence 4204.
4. Peters Lacroix, vers 1930.
5. Peters Lacroix fabricant, collection
Ile de France, 1975, référence 032.9611.05.

p. 214-215
1. Colette Pettier dessinateur, vers 1935,
inv. 45061 A.
2. Pignet fabricant, vers 1815,
inv. 2006.33.8.1.
3. Colette Pettier dessinateur, vers 1935,
inv. 45063 A.

4. Colette Pettier dessinateur, vers 1935,
inv. 45067 C.
5. Pignet fabricant ?, vers 1840, inv.
2003.73.2.
6. Pignet fabricant ?, vers 1840,
inv. 2003.73.3.

p. 216-217
1. *My Lady*, Charles Portel dessinateur,
Nobilis éditeur, vers 1936, inv. 41427.
5. Henri Poterlet dessinateur, 1864,
inv. HH 796 B.
2. *Belle rose*, Charles Portel dessinateur,
Nobilis éditeur, vers 1936, inv. 41428.
3. *La Malibran*, Charles Portel dessinateur,
Nobilis éditeur, vers 1936, inv. 41425 B.
4. Martin Polisch dessinateur, Dauptain
fabricant, vers 1837, inv. 29762.
6. Henri Poterlet dessinateur, vers 1865,
inv. HH 831.

p. 218-219
1. Victor Poterlet dessinateur, inv. HH 1445.
2. Proust fabricant.
3. P.-P. Prud'hon dessinateur, Joseph Dufour
fabricant, 1815, inv. HH2.
4. Victor Poterlet dessinateur, inv. HH 1331.
5. Victor Poterlet dessinateur, inv. HH 1930.
6. Victor Poterlet dessinateur, inv. HH 146.
7. Victor Poterlet dessinateur, inv. HH 2113.
8. Victor Poterlet dessinateur, vers 1880,
inv. HH 2112.
9. Victor Poterlet dessinateur, inv. HH 1932.
10. Victor Poterlet dessinateur, 1860-1870,
inv. HH 2917.
11. Victor Poterlet dessinateur, vers 1820,
inv. HH 1103.
12. Proust fabricant, collection *Liberty*,
référence 1730.8.

p. 222-223
1. Jean-Baptiste Réveillon fabricant, 1770,
inv. 50149.
2. Jean-Baptiste Réveillon fabricant, 1781,
inv. 50454.
3. Jean-Baptiste Réveillon fabricant,
1789-1795, inv. 998.245.2.
4. Jean-Baptiste Réveillon fabricant, 1770,
inv. 50129.
5. Jean-Baptiste Réveillon fabricant, 1784,
inv. 2004.175.3.
6. Jean-Baptiste Réveillon fabricant, 1770,
inv. 50126.2.
7. Jean-Baptiste Réveillon fabricant, 1770,
inv. 50137.

p. 224-225
1. Martin Riester dessinateur, milieu XIXe siècle,
inv. 29667.
2. Martin Riester dessinateur, milieu XIXe siècle,
inv. HH 1940.
3. Richoud ?, vers 1810, inv. 56790.
4. Martin Riester dessinateur, inv. 29677.
5. Martin Riester dessinateur, milieu XIXe siècle,
inv. 2000.160.1.
6. Martin Riester dessinateur, 1864,
inv. HH 1065.

p. 226-227
1. Riottot fabricant, 1855-1865, inv. HH 884.
2. Riottot & Pacon fabricant, 1860-1870,
inv. HH 522 A.
3. Riottot fabricant, 1860, inv. HH 2119 B.
4. Riottot & Pacon fabricant, inv. HH 18.38.X.
5. Riottot fabricant, référence 4604,
inv. HH 2803.

6. Riottot & Pacon fabricant, vers 1850,
inv. HH 877.
7. Riottot & Pacon fabricant, inv. HH 1033.
8. Riottot & Pacon fabricant, inv. HH 3021.
9. Riottot & Pacon fabricant,1865,
inv. HH 151.

p. 228-229
1. Hartmann Risler fabricant, 1797,
inv. 997.135.2.
2. Hartmann Risler fabricant, 1797,
inv. 991.270.2.
3. Roberguy fabricant, vers 1945,
inv. 2000.81.79.1.

p. 230-231
1. Arthur & Robert fabricant, vers 1797,
inv. 992.523.
2. Arthur & Robert fabricant, vers 1795,
inv. 998.163.1.2.

p. 232-233
1. Albert-Marie Rodicq dessinateur,
Follot fabricant, 1950-1960, inv. 987.644.
2. Plafond, Roger fabricant, 1878,
inv. 992.709.
3. Albert-Marie Rodicq dessinateur,
Follot fabricant, 1950-1960, inv. 987.643.

p. 234-235
1. Rousseau fabricant, inv. HH 962.
2. *Yan et Maria*, Zofia Rostad dessinateur,
Papiers peints de Nancy fabricant,
référence 42069,1970.
3. Zofia Rostad dessinateur, Société française
des papiers peints fabricant, collection
L'Album de Zofia, référence 1521 TS 4,
1979, inv. 54884.
4. Zofia Rostad dessinateur, Société
française des papiers peints fabricant,
collection *L'Album de Zofia*,
référence 1519 TS 4,1979, inv. 54884.
5. Zofia Rostad dessinateur, Société
française des papiers peints fabricant,
collection *L'Album de Zofia*,
référence 1540 TS 9,1979, inv. 54884.
6. *Baba-Yaga*, Zofia Rostad dessinateur,
Papiers peints de Nancy fabricant,
référence 41035.12,1967.
7. *Irka*, Zofia Rostad dessinateur,
Papiers peints de Nancy fabricant,
référence 42048,1970.
8. *Les perles*, Zofia Rostad dessinateur,
Papiers peints de Nancy fabricant, collection
Sanracor, référence 40058.1,1968-1969,
inv. Li 207 (6).

p. 236-237
1. Robert Ruepp dessinateur, Leroy
fabricant,1900, inv. 51852.13858.
2. Robert Ruepp dessinateur, Leroy
fabricant,1903-1904, inv. 51855.4861.LV.
3. Robert Ruepp dessinateur, Société anonyme des Anciens Établissements Desfossé
& Karth fabricant,1920, inv. 52397.10957.
4. Emile-Jacques Ruhlmann dessinateur,
vers 1930, inv. 2002.76.1.
5. Emile-Jacques Ruhlmann dessinateur,
Société anonyme des Anciens Établissements Desfossé & Karth fabricant, 1918,
inv. 52391.10862.
6. Emile-Jacques Ruhlmann dessinateur,
vers 1930, inv. 2002.76.5.
7. Emile-Jacques Ruhlmann dessinateur,
vers 1930, inv. 2002.76.7.

p. 240-241
1. SCE Lutèce, Zofia Rostad dessinateur, collection *Aujourd'hui Lutèce – Création Zofia Rostad*, référence 9659.11, 1991, inv. 992.130.
2. SCE Lutèce, Zofia Rostad dessinateur, collection *La magie des couleurs*, référence 329422711233897, années 1990.
3. SCE Lutèce, Daniel Hechter dessinateur, collection *Les krafts de Daniel Hechter*, référence, 1994, inv. 995.47.1.
4. Henri Sauvage dessinateur et fabricant, 1905, inv. HH 2096.
5. SCE Lutèce, collection *Les naturels*, référence 2666.42, 1992, inv. 993.176.
6. SCE Lutèce, collection *Les naturels*, référence 152.27, 1992, inv. 993.176.
7. Henri Sauvage dessinateur et fabricant, avant 1904, inv. HH 2095.
8. Henri Sauvage dessinateur et fabricant, 1905, inv. HH 2090.

p. 242-243
1. Emile-Alain Séguy dessinateur, Leroy fabricant, 1925-1926, inv. 52447.20024 CD.
2. *Pergola*, Jean-Louis Seigner dessinateur et éditeur, collection Imagine, années 1990, référence 521 TA.
3. *Sous les marronniers*, Jean-Louis Seigner dessinateur et éditeur, collection Imagine, années 1990, référence 521 TA.
4. Emile-Alain Séguy dessinateur, Leroy fabricant, 1927-1930, inv. 2000.87.8.

p. 244-245
1. Sevestre fabricant, 1843, inv. HH 910.
2. Attribué à Sevestre-Leblond, vers 1750, inv. HH 461.
3. Sevestre fabricant, Victor Poterlet dessinateur, 1835-1840, inv. HH 914.
4. Sevestre fabricant, inv. HH 904 C.
5. Sevestre - Leblond fabricant, 1750-1780, inv. HH 2953.
6. Sevestre - Leblond fabricant, 1750-1780, inv. HH 2955.
7. Sevestre fabricant, 1844,inv. HH 897 A.

p. 246-247
1. Simon marchand, Dufour & Cie fabricant, vers 1802, inv. 988.1220.
2. Simon marchand, Dufour & Cie fabricant, vers 1802, inv. 988.122.1

p. 248-249
1. Société anonyme des Anciens Établissements Desfossé & Karth fabricant, Pouzadoux dessinateur, 1913-1914, inv. 52391.10806.
2. Société anonyme des Anciens Établissements Desfossé & Karth fabricant, Libert dessinateur, 1922-1928, inv. 2001.161.1.
3. Société anonyme des Anciens Établissements Desfossé & Karth fabricant, 1930-1940, inv. 991.258.
4. Société anonyme des Anciens Établissements Desfossé & Karth fabricant, 1921, inv. 52391.10991.
5. Société anonyme des Anciens Établissements Desfossé & Karth fabricant, Landwerlin dessinateur, 1922, inv. 52397.11105.
6. Société anonyme des Anciens Établissements Desfossé & Karth fabricant, 1895, inv. DK 8467.

p. 250-251
1. Société française des papiers peints, collection *SF Racorama*, 1967, référence 9512.R.1.
2. Société française des papiers peints, *L'œuf centre d'études* dessinateur, collection *L'œuf centre d'études* édité par Essef, 1972, référence 6226 V 15.
3. Société française des papiers peints, *L'œuf centre d'études* dessinateur, collection *L'œuf centre d'études* édité par Essef, 1972, référence 3217 WS4.
4. *Papier cubiste*, Société française des papiers peints, Primavera dessinateur, Edition d'art Essef, 1928-30, référence 82921.1, inv. 54168.
page 247, 5. Société française des papiers peints, vers 1967.
5. Société française des papiers peints, vers 1970.
6. Société française des papiers peints, collection *SF Racorama*, 1967, référence 9416.R.S.
7. *Le poète*, Société française des papiers peints, Léonor Fini dessinateur, Edition d'art Sanitex , 1948-1949, référence 4774, inv. 2007.12.15.2.
8. *Les colombes*, Société française des papiers peints, Raymond Peynet dessinateur, Edition d'art Sanitex , 1948-1949, référence 5304, inv. 2007.12.13.2.

p. 252-253
1. Louis Sue dessinateur, Compagnie des arts français éditeur, Société française des papiers peints fabricant, référence 1601 - 735 41.4, vers 1920, inv. 54168.
2. Henri Stéphany dessinateur, Société anonyme des Anciens Établissements Desfossé & Karth fabricant, 1929, inv. 52397.11223.
3. Subes fabricant, vers 1980, inv. 54183 C.
4. Subes fabricant, vers 1980, inv. 54183 B.
5. Subes fabricant, vers 1980, inv. 54183 A.
6. Velours *Les fontaines*, Henri Stéphany dessinateur, Société anonyme des Anciens Établissements Desfossé & Karth fabricant, 1929, inv. 52391.11576.29 A.
7. *Bouquets de roses*, Louis Sue dessinateur, Compagnie des arts français éditeur, Société française des papiers peints fabricant, référence 1611, vers 1920, inv. 992.516.
8. Henri Stéphany dessinateur, Société anonyme des Anciens Établissements Desfossé & Karth fabricant, 1929, inv. 52397.11222.

p. 254-255
1. Prosper Tétrel dessinateur, avant 1881, inv. HH 2087.
2. La veuve Tissot fabricant, vers 1770, inv. HH 477.
3. Prosper Tetrel dessinateur, vers 1890.
4. Prosper Tetrel dessinateur, vers 1890.

p. 256-257
1. Turquetil fabricant, 1865-1875, inv. HH 1030.
2. Turquetil fabricant,1860, inv. HH 542.
3. Turquetil fabricant, 1864, inv. HH 1064.
4. Turquetil fabricant, 1868, inv. HH 531.
5. Turquetil fabricant, 1866, inv. HH 529 C.

6. Turquetil fabricant, 1865-1875, inv. HH 999.
7. Turquetil fabricant, 1860-1870, inv. HH 997.
8. Turquetil fabricant, 1856, inv. HH 534.
9. Turquetil fabricant, 1865-1875, inv. HH 993 A.
10. Turquetil fabricant, 1865-1875, inv. HH 984 B.

p. 258-259
1. Turquetil fabricant, vers 1925, inv. 993.45.1.
2. *Reflets*, Turquetil fabricant, collection *Les oiseaux de paradis*, référence 1558.7, 1967-1968.

p. 262-263
1. *Les réjouissances à l'occasion de la fête du roi*, (détail),Velay fabricant, vers 1815.
2. *Margarida*, Venilia fabricant, collection *Aquarelle Etincelles*, référence 150 29421, vers 1970, inv. 55618.
3. *Feuillages*, Paul Véra dessinateur, Compagnie des Arts français, vers 1920, inv. 992.517 B.
4. *Les réjouissances à l'occasion de la fête du roi*, Velay fabricant, vers 1815.
5.*Capriccio*, Venilia fabricant, collection Cacharel par Venilia, référence 182 51293, 1987, inv. 988.1128.
6. Venilia fabricant, vers 1985.
7. *Rosy*, Venilia fabricant, collection Petites fleurs, référence 175 12032, 1968.

p. 264-265
1. Verkindère fabricant, années 1930.
2. *Appolo*, Jean Vigne dessinateur et éditeur, 1973, inv. 55813.
3. *Cerises*, Jean Vigne dessinateur et éditeur, référence 16 DV, vers 1975.
4. Jean Vigne dessinateur et éditeur, 1972.
5. Vitry fabricant,
6. Jean Vigne dessinateur et éditeur, 1972.

p. 266-267
1. Wagner dessinateur, inv. 29625.
2. Vochelet fabricant, vers 1810, inv. HH 2662.
3. Wagner dessinateur, inv. 29674.
4. *Décor chinois*, Georges Zipelius, Zuber fabricant, 1832, inv. 44735.
5. *Décor chinois*, Georges Zipelius, Zuber fabricant, 1832, inv. 44735.
6. Wagner dessinateur, 1894, inv. 29618.

p. 268-269
1. Zuber fabricant, 1828, inv. 29827.
2. *Les chèvres des Alpes*, Zuber fabricant, Robert Eberlé et Eugène Ehrmann dessinateurs, 1862, inv. 29561.
3. Zuber fabricant, 1829, inv. HH 850.
4. Zuber fabricant, inv. 29593.
5. Zuber fabricant, 1829, inv. HH 849.
6. Zuber fabricant, Fritz Zuber dessinateur, 1820-1824, inv. HH 967.

p. 270-271
1. Zuber fabricant, inv. HH 514.
2. Zuber fabricant, vers 1860, référence 1797 D, inv. 29737.
3. Zuber fabricant, 1823, inv. HH 775.

REMERCIEMENTS

Cet ouvrage n'aurait jamais pu voir le jour sans l'aide, le soutien et les encouragements de :

Claude Andral
François et Alix de Bengy
Pierre-Yves Bonnet
Daniel Bourquin
Alain Brossard
Arnaud de Bruignac
Jérémie Cerman
Claude Closky
Charles Daudon
Dominique Deangeli-Cayol,
Bibliothèque Forney de Paris
Denis Delabrière
Jean Déroulé
Vincent Dupire
Jean Eparvier
Philippe de Fabry,
Musée du Papier Peint, Rixheim
Max Foucray
Patrick Frey
Steeve Gallizia,
Institut national
de la propriété industrielle
Catherine Gorget,
Musée historique et
archéologique de l'Orléanais
Laurence Guilbaud,
Musée municipal de Vendôme
Denis Halard
Pierre-Xavier Hans
Valérie Hubert
Bernard Jacqué,
Musée du Papier Peint, Rixheim
Brigitte Lainé,
Archives de Paris
Myriam Lejeune
Monique Leroy
René Litt
Bernard Macaire
Valérie Marchal,
Institut national
de la propriété industrielle
Michel Marq
Thierry Martens
René Martin
Michel Martino

Philippe Model
Denys Prache
François-Xavier Richard,
Atelier d'Offard
Sophie Rouard,
Société Pierre Frey
Jean-Pierre Rueg
Jean-Louis Seigner
Marie-Françoise Siriex
Carole Texier

L'auteur et l'éditeur tiennent à leur exprimer leur vive reconnaissance.

Ils remercient également le musée des Arts décoratifs, et tout particulièrement :

Béatrice Salmon,
directeur des musées des Arts Décoratifs
Karine Lacquemant,
assistante de conservation au département des papiers peints
Chantal Bouchon,
conservateur du département des Arts graphiques
Rachel Brishoual,
responsable du service photographique
Carol Chabert,
assistante au service photographique
Jean Tholance, photographe
Chloé Demey,
responsable des éditions
Frédéric Durand,
responsable de la librairie

ainsi que l'ensemble du personnel de la régie des œuvres

L'Éditeur tient, en outre, à remercier Nadiya Ouari et Pierre Agator pour leur aide précieuse.

Achevé d'imprimer en octobre 2007
pour les éditions Gourcuff Gradenigo
Impression Stipa, Montreuil

288